JN072175

日本の思想をよむ

末木文美士

角川文庫
22105

はじめに

最近になって急に日本の伝統文化が注目を浴びるようになっている。和食がユネスコ無形文化遺産に登録され、和服への関心も高まっている。琳派四百年とかで日本の美も注目を浴びるようになってきた。二〇一二年に第二次安倍晋三内閣が成立してから、首相が率先して「伝統」を口にしているのも影響しているだろう。安倍首相の公式サイトには、「日本は美しい自然に恵まれた、長い歴史と伝統、独自の文化をもつ国です。日本人であることを卑下するより、誇りに思い、未来を切り拓くために語り合おうではありませんか」と書かれている。

このように、伝統への関心は高まっているが、伝統に関するしっかりした議論がなされているかというと、どうも心もとない。とりわけ思想に関しては、まったくと言っていいくらい、まともな議論は見られない。「伝統」の重要性を説く政治家が、「伝統」という言葉で何を意味しているかと思うと、浅薄な戦前回帰の願望に過ぎないことも多い。他方、伝統というだけで拒絶反応を示す「進歩的知識人」も少なくない。

それでは到底、冷静な議論は望めない。

顧みると、戦後の日本で伝統ということはタブーであった。マッカーサーによって「日本人は十二歳」と決めつけられ、自分たちの過去を恥ずかしいことのように思い、ひたすらにそれを覆い隠して、世界の基準に追いつくことに全力を費やしてきた。平和憲法のもとで大きな経済発展をして、ジャパン・アズ・ナンバーワンとまで言われるようになった。思想面でも、古臭い伝統思想や宗教は通用しないと批判され、グローバルな基準にかなう西洋の近代思想の導入が進められた。それは、普遍的な理性に基づく合理的・科学的な発想の定着ということである。カントが言うように、啓蒙とはまさしく子供が知恵を付けて大人になることであり、それによって社会は豊かになり、人々は幸福になると信じられた。そのもっとも典型的な思想がマルクス主義であり、歴史は科学的な法則に従って発展し、やがて未来には平等で平和な理想世界が訪れると説かれた。

しかし、その楽観主義は崩れることになった。一九九一年にソヴィエト連邦が崩壊し、冷戦が終結した。マルクス主義の没落は資本主義の勝利かというと、そうではなかった。宗教原理主義の台頭は、近代的合理主義が必ずしも優越するわけではなく、多様な価値観の一つにすぎないことを明らかにした。普遍的理性によりお互いに理解可能となり、誰もが同一の真理に達して、自由・平等で平和な社会が来るというユートピア的未来を描くことは、もはやできない。逆に、異なる価値観を持ち、理解できない他者とどのように付き合うかという問題が、切実な課題として浮上してきた。

一九九〇年代以後は、日本という枠内で見ても、大きな転換を余儀なくされる時代となった。経済成長が止まり、「失われた二十年」と言われるようになり、その間、一九九五年の阪神・淡路大震災、同年のオウム真理教サリン事件、さらに二〇一一年には東日本大震災を経験し、もはや従来の進歩や発展という希望を持つことは困難になった。少子高齢化や原発事故を通してのエネルギー・環境問題など重積する中で、進歩・発展よりも、持続可能な循環型の社会をいかに作っていくかということが課題となってきている。

そうなれば、これまでのように欧米近代の思想・哲学が普遍的で、それを学んで自分のものにすることが日本人にとって何よりの喫緊の課題だというような、「追い付け追い越せ」的な発想は、もはや成り立たない。まして、日本語よりも英語教育の方が重視されるようなことがあってはならない。むしろそれとは逆に、日本の過去を振り返り、伝統の中から本当に価値ある思想を学び、地に足の着いた自分たちの思想・哲学を築いていかなければならない。「和」のブームを単に皮相な表向きだけの流行現象に留めてはならない。

そのためには、伝統思想をどのように学んだらよいかという手がかりが必要だ。いちばん必要なことは、古典をしっかりと自分の目と頭と心で読みこむことだ。それにはどのような古典を、どのような観点から読んだらよいのか、その手引きが必要になる。残念なことに、今日手軽に手に取れるような入門書はほとんどない。西洋哲学であれば、ギリシアのタレスに始まって、ハイデガーやデリダに至るまで、見通しを付けるのに好個《こうこ》の入門書が汗牛充棟《かんぎゅうじゅうとう》と言えるほど溢《あふ》れている。それに対して、日本の思想に関して言えば、どんな思想があるのかという基本的な常識さえも怪しく、これだけは前提となるという共通の知識が形成されていないのが現状である。

本書はこのような日本の伝統思想に関して、これはと思われる古典を取り上げ、ごく短く私なりの見方を提示してみた。ただし、決して標準的な教科書として、日本思想の基本知識を網羅しようと意図するものではない。そうではなく、かなり恣意的に私が面白そうだと思う古典を選び、それに対して私はこんな観点から読むという、相当独断的な読み方を提示している。項目の配列も行儀のよい時代順を排して、問題別に並べてみた。自然を考え、人間を考え、社会や国家を考えるのに、先人たちはこんなにすばらしいさまざまなヒントを与えてくれる。日本の思想がこれほど多様で新鮮なアイディアに満ちていることに、読者は驚くであろう。それが面白そうだからと、原典を手に取っていただければ、これ以上のことはない。

目次

III 超俗から世俗へ 83

VI

Ⅶ　社会と国家の構想　265

I

自然と人間

「自然」というと、「自然科学」という言葉からも知られるように、客観的に外にある世界であるかのように思われがちだ。しかし、これは近代になってからの用法である。もともと「自然」という言葉は『老子』に出るもので、儒教よりも老荘系の思想において広く用いられた。主観と対立する客観世界を意味するのではなく、「無為自然」といわれるように、人為を排したあり方を理想化したもので、人間もまたその自然のうちなるものとして捉えられた。儒教は人間の意図的な営為を重んじるが、日本では、最終的には自然に帰するような見方が強くなった。仏教はもともと修行による悟りを求めるのであるから、自然に任せる見方と対立するが、日本では、親鸞《しんらん》の「自《じ》然法爾《ねんほうに》」に見られるように、自然の思想が深く入り込む。

このように、日本では自然のあり方を重視するが、だからといって、何もしないで突っ立っていればよいというわけではない。日本を支えてきた稲作農業は、自然に依存しながらも、その中で血のにじむような努力の積み重ねによって成長してきた。自然は法則性を持ちながらも、単なる機械的な運動ではなく、その底には人間の浅薄な知恵では知りえない何かを秘めていて、時には凶暴に人間に襲いかかる。自然の中に生きながら、自然とどのように付き合っていけばよいのか。自然災害や自然破壊の続く今日、改めて過去の思想に教えられるところは大きい。

空《くう》海《かい》『弁《べん》顕《けん》密《みつ》二《に》教《きょう》論《ろん》』

不可思議の世界にきく仏の声

仏教を「顕教」と「密教」に弁別し、密教の優越を説いた空海。『十住心論』や『秘蔵宝鑰』とともに、空海による仏教理解を本書は伝えている。

自性《じしょう》・受用仏《じゅゆうぶつ》は、自《じ》受法楽《じゅほうらく》の故《ゆえ》に自《じ》眷属《けんぞく》とともに各々三密門《おのおのさんみつもん》を説きたまふ。これを密教といふ。この三密門とはいわゆる如来内証智《にょらいないしょうち》の境界《きょうがい》なり。等覚《とうがく》・十地《じゅうじ》も室《しつ》に入ること能《あた》はず。

仏の本来のあり方や、その境地を自ら享受するあり方においては、自ら真理を味わい楽しむために、自ら変幻させたお供のものたちに対して、それぞれの身体・言葉・心の三つの秘密の境地をお説きになる。これを密教という。この三つの秘密の境地は、いわゆる如来自らの内なる悟りの智慧の世界であり、仏にほぼ等しい菩薩や十段階の最後の菩薩でさえ、その世界に入ることはできない。

本州西端にある妻の実家に帰省した。緑の稲穂がそよぎ、海風が頬に心地よい。過疎化が進み、問題は多いが、それでも心安らぐものがある。自然は、一方で生物を育《はぐく》み、豊かな恵みを与えてくれる。その一方では、地震、津波、台風、旱魃《かんばつ》、疫病など、さまざまな災害をもたらし、人々の生命を危険にさらす。その中で、人々は自然と折り合いながら、田畑を作り、漁をし、獣を狩って日々の暮らしを営んできた。

自然を客観視した対象として、風景と見るのは近代的な見方である。それまでは、自然は天地と呼ばれ、万物を育てて生成活動し、人間もそれに参与していくべきものとされた。その天地の中には、目に見える生物や無生物ばかりではなく、神仏や精霊、あるいは死者たちもともにいる。悪神・悪霊たちは、しばしば人の制御を超えて跳《ちょう》梁《りょう》し災厄をもたらす。彼らを慰撫《いぶ》し、その力を人々の幸福の援助へと転換してもらうのは容易でない。七月の京都の祇園《ぎおん》祭は、悪霊慰撫の代表的な祭りである。

だが、危険な悪霊の力に打ち勝ち、屈服させるにはそれを超える強力な呪力《じゅりょく》がなければならない。空海が大陸からもたらした密教は、総合的で最新の理論と実践に基づく最強の呪法として、国家の安寧から個人の病気まで、あらゆる場面で活躍することになった。

『弁顕密二教論《べんけんみつにきょうろん》』は、空海独自の思想が確立してゆく比較的初期の著作である。その中で、空海は密教と顕教を厳しく弁別している。顕教というのは、密教以外のすべての仏教を含む。それは釈迦の教えに顕在的に説かれている。だから、誰にでも理解できる。しかし、密教はそうではない。それは隠された秘密の教えであり、通常の人間理性では理解できない。

顕教は結局のところ、顕現した領域、つまり見える世界の理法を説くだけだ。だが、人の目に見え、理解できる世界は、実はほんの狭い部分にすぎない。自然の奥底を通り抜け、目に見えないものたちが躍動している不可思議の世界にまで足を踏み入れなければ、本当の世界は見えてこない。仏の悟りはその領域まで透徹しているはずだ。そうであって初めて、見えざるものたちを統御できる。それは密教でなければ達せられない。

空海は、密教の特徴は法身説法《ほっしんせっぽう》にあるという。法身とは、まさしく見えない世界、顕現していない世界を統合する仏であり、大日如来と呼ばれる。法身の説法は、日常の言葉では語られず、もはや僕たちの理解を超えている。

後の著作『声字実相義《しょうじじつそうぎ》』では、法身の言葉は、五大《ごだい》・十界《じっかい》・六塵《ろくじん》のすべてにおいて常に語られているという。「五大」はこの世界を構成する地・水・火・風・空の要素、「十界」は仏から地獄に至る十種の存在形態、「六塵」は色《しき》・声《しょう》・香《こう》・味《み》・触《そく》・法《ほう》という六種の知覚対象である。

それならば、この世界のすべてのものが仏としての教えを説いていることになり、大自然に仏の声を聞くことができるのではないか。確かに、そう言ってもよいかもしれない。しかし、それは僕たちが当たり前に見ている自然そのままではない。

それは、もっと深く、もっと広大で、また得体の知れない世界だ。あたかも、深海が浅瀬の海とまったく違う魅力と恐ろしさに満ちているようなものだ。だが、そこに達するには、それだけの準備と鍛錬が必要とされる。僕たちがふつうに見ている自然は、そのごく表面に過ぎない。その不可知の世界の奥底へと、密教は誘《いざな》っていく。

＊宮坂宥勝／監修、頼富本宏／訳注『空海コレクション1』ちくま学芸文庫、二〇〇四年
＊加藤精一／訳『空海「弁顕密二教論」ビギナーズ日本の思想』角川ソフィア文庫、二〇一四年

空海 [宝亀五(七七四)年—承和二(八三五)年]

真言宗の開祖。讃岐国(香川県)の地方官吏の家に生まれて都の大学に入学するが、二十歳の頃に山林修行に入る。三十一歳、入唐し長安・青龍寺の恵果から密教を受ける(帰国は三十三歳)。四十三歳、高野山に金剛峯寺の建立開始。五十歳、都の東寺(教王護国寺)を密教専門道場にする。六十二歳、高野山で没。『秘密曼荼羅十住心論』などの仏教の著作の他、漢詩文に優れ、その作品は『性霊集』にまとめられている。書家としても著名。

鴨長明《かものちょうめい》『方丈記《ほうじょうき》』

無常観の奥底へ

京都の郊外、日野の方丈の草庵で隠棲した鴨長明が、還暦を前に来し方を振り返り、思うところをしたためた。

たましきの都《みやこ》のうちに、棟《むね》を並べ、甍《いらか》を争《あらそ》へる、高き、いやしき、人の住《すま》ひは、世々を経《へ》て尽《つ》きせぬものなれど、これをまことかと尋ぬれば、昔《むか》しありし家は稀《まれ》なり。（中略）住む人もこれに同じ。所も変らず、人も多かれど、いにしへ見し人は、二三十人が中に、わづかにひとりふたりなり。

立派な都のうちに並び立って美麗を誇る身分の高い人、賤しい人の住まいは、時代を経ても変わらないが、それが本当かと調べてみると、昔あった家は稀である。（中略）住む人も同じで、家の場所も変わらず、人も大勢いるが、昔見かけた人は、二、三十人のうち、わずかに一人か二人である。

東日本大震災以後、鴨長明の『方丈記』が注目を集めているようだ。「ゆく河の流れは絶えずして、しかも、もとの水にあらず」に始まる巻頭は、日本人の無常観を代表する名文句として人口に膾炙《かいしや》している。続く本文では、災害や遷都による都の荒廃が、簡潔ながら、印象深いエピソードとともに描かれる。

飢饉《ききん》に疫病が重なった時、思いの深いもののほうが先に亡くなった。まれに得た食べ物をいとしい人に食べさせたからで、親子では必ず親が先に亡くなったという。「山はくづれて、河を埋《うず》み、海は傾《かたぶ》きて、陸地をひたせり」という地震の描写も切実だ。

後半では出家閑居した日々が理想的に描かれる。日野山の奥の簡素な住まいに自然を友とし、時には山守の子と野山に遊ぶ。「ほど狭しといへども、夜臥す床あり、昼居る座あり」、それで何の不足があろう。少欲知足の生活は今でも理想といえそうだ。

思想的に注目されるのは巻末である。世を逃れて山林に交わるのは、修行のためではないかと自問しながら、草庵の生活を楽しみ、それに執着するのは、姿は聖人にて心は濁りに染みているのではないかと反省している。だからといって、思い返し修行に励もうとするわけではない。最後は「不請の阿弥陀仏、両三遍申して、やみぬ」と終わる。

本来の仏教の教えに従えば、世俗の無常を感ずることが出発点であるにしても、そこから逃れ修行に励み、悟りを開き、無常を乗りこえるのが目標でなければならない。ところが、長明は途中でストップする。世俗の繫縛《けいばく》を離れ、出家して山間に庵を結ぶものの、修行に向かうのではなく、その生活に自足して喜びとする。災害はともかく、自然の中の無常はむしろ愛好すべきものであり、生死の理屈など分からなくてもよいではないか、というわけだ。

このように、世間を逃れ、自然の無常を味わい生きるのを理想とするのは、中世の隠者文学の定型となる。それは、院政期の本覚《ほんがく》思想を代表する『三十四箇事書《さんじゅうしかのことがき》』（著者不明）が示す「無常は無常ながらに、常住《じょうじゅう》にして失せず」に通じる。無常である自然に逆らおうとするから悲劇が起こる。自然に任せ、無常のままに身を遊ばせることが理想的な生き方とされる。

だが、本当にそれでよいのであろうか。原発事故後の放射能は、無常で変化してなくなってくれればよいのに、ずっとそのまま存在し続ける。津波の被災地もまた、無常で済まされない問題を抱えている。死者は時間が経ったからといって忘れ去られることなく、どこまでも生者に付きまとう。過去の無常論はもはやそのままでは通用しなくなっている。

中世は、日蓮《にちれん》の災害論や慈円《じえん》の顕冥論のように、無常論に入りきらない多様さに満ちている。その自然観や人間観は、一見すると奇妙で近代人には受け入れがたい。だからこそ、近代人の合理主義が忘れた問題をもう一度考えさせてくれる。優しいだけでなく恐ろしい破壊力をも秘める自然と、どう付き合ったらよいのか。死者が消え去ってしまうものでないとすれば、どのように配慮したらよいのか。こうした重要な問題が、これまで無視され続けていたようだ。

このような時代だからこそ、死と向き合い、厳しい自然に立ち向かった中世の思想を見直す必要がある。『方丈記』や本覚思想には、口当たりのよい表面の無常観だけで済まされないところがあるはずだ。『方丈記』にも、飢饉で京都の街に死者が溢れたとき、彼らの額に阿字を書いて回った仁和寺の隆暁《りゅうぎょう》の活動が描かれている。そこまで立ち入った時、きれいごとでない無常観の底知れない切実さが、はじめて本当に身に迫ってくる。

＊市古貞次／校注『新訂　方丈記』岩波文庫、一九八九年
＊簗瀬一雄／訳注『方丈記　現代語訳付き』角川ソフィア文庫、二〇一〇年
＊浅見和彦／校訂・訳『方丈記』ちくま学芸文庫、二〇一一年

鴨長明 〔久寿二（一一五五）年頃―建保四（一二一六）年〕

歌人・文人。京都・下鴨神社の神官・鴨長継の子。相続争いや神官の出世争いを嫌って五十歳のころ大原、次いで日野の里（京都市伏見区）に隠棲。出家して蓮胤と名乗る。五十八歳、日野の草庵で随筆『方丈記』を著す。著述には仏教説話集『発心集』、歌論書『無名抄』などがある。六十二歳で没。

二宮《にのみや》尊徳《そんとく》『二宮翁夜話《にのみやおうやわ》』

自然と作為の調和

二宮尊徳の訓話を弟子の福住正兄《ふくずみまさえ》が記録したもの。荒廃した農村を復興し、経済再建に努めた尊徳の言葉は具体的で迫力に満ちている。

人道はその天理に順《したがう》といへども、其内に各区別をなし、稗莠《ひえはぐさ》を悪とし、米麦を善とするが如き、皆人身に便利なるを善とし、不便なるを悪となす。爰に到ては天理と異なり。如何となれば、人道は人の立る処なれば也。

人の道は天の理に従うものであるが、その中でそれぞれ区別をして、雑草の類を悪として、米や麦を善とするようなもので、すべて人間に便利なものを善として、不都合なものを悪とするのである。こうなると、天の理とは異なることになる。何故ならば、人の道は人が立てるものだからである。

近世の中に日本的な形で近代への萌芽を見ようとした丸山眞男は、荻生徂徠における「自然」と「作為」の問題に着目した（『日本政治思想史研究』、一九五二）。朱子学では、人間の社会や倫理の原理を自然と一貫する「理」に見ようとする。それ故、社会の秩序や倫理ははじめから決まっていて、動かしようがない。それに対して、徂徠は人間社会の秩序は古代中国の聖人が作ったものだという「作為」の論理を展開した。人間の社会は自然のままを受け入れるのではなく、それとは異なる秩序を人間の責任で作り出したものだというのである。それによって、自然の決定論ではなく、人間が自分の力で社会を築いていくことが可能となる。丸山は、そこに近代社会形成の原理を見ようとする。

丸山の説は戦後の日本において、新しい社会を作ろうという若い人たちに大きなインパクトを与え、近世思想研究の方向を定めることになった。もっとも今日では、朱子学にしても徂徠にしても、それほど単純には図式化できないことが分かってきている。

ところで、徂徠は青年時代、上総《かずさ》の農村で過ごしたとはいえ、基本的には都会の知識人であり、権力の中枢とも近く、上からの発想が強かった。それに対して、実際の日本の社会を支えていたのは農業であり、その現場からの発想は、それほど簡単に

「自然」と「作為」を切り離すことはできなかった。それどころか、農耕は常に自然の脅威に曝されながら、労働に勤しまなければならなかった。そこから、自然に帰ることを主張したのが安藤昌益《あんどうしょうえき》（Ⅳ章）であった。それは、東北の厳しい自然の中で、飢饉と向かい合いながら生まれた思想であった。

それに対して、関東を舞台に荒廃した農村を立て直し、経済再生を成功させたのが、二宮尊徳であった。尊徳というと、かつて日本中の小学校の校庭に建てられていた二宮金次郎像が思い浮べられるかもしれない。薪を背負って歩きながら本を読む姿は、貧しい家計を助けて働きながら学んだという金次郎像を定着させ、修身教育の中で普及した。尊徳は没落した一家を再建することから始め、小田原藩家老服部家に用いられて家計を立て直し、小田原藩で認められることになった。その後、藩主の分家宇津《うつ》氏の所領下野国桜町（栃木県真岡市）の復興や、飢饉への対応などで成果を挙げ、晩年は幕府に召されている。

尊徳の思想は報徳思想と呼ばれ、儒教・仏教・神道などを融合させ、究極の「大極」に従う実践を進めるものである。しかし、それは抽象的な理論でなく、農業を復興させ、経済の立て直しを図るという実践の中で形成されたきわめてプラグマティックなものであった。尊徳は徂徠のように自然と作為を分離するのでもなく、昌益のように全面的に自然に従うというのでもなかった。自然に従いながらも、ただ自然任せにするのではなく、そこに人間の工夫が入り、自然と作為とをうまく調和させるところに成功が生まれるのである。

尊徳によれば、自然には善悪はない。風雨や寒暑には何の意図もない。しかし、人はその自然のままでは生きていけない。家を建て、衣服を作ることによって、風雨や寒暑を避けて人間らしい生活ができることになる。それが「天道」と異なる「人道」である。尊徳にとっての善悪は人間にとって好都合かどうかということで決まる。尊徳というと、封建的で古臭い道徳の権化のように思われがちだが、実際には数多くの失敗や試行錯誤の中で鍛えられた合理的でプラグマティックな思想を展開している。今日再発見が必要な思想家の一人である。

＊佐々井信太郎／校訂『二宮翁夜話』岩波文庫、一九三三年
＊奈良本辰也・中井信彦／校注『日本思想大系 二宮尊徳・大原幽学』岩波書店、一九七三年
＊児玉幸多／訳『二宮翁夜話』中公クラシックス、二〇一二年

二宮尊徳〔天明七（一七八七）年―安政三（一八五六）年〕

江戸末期の農業思想家。通称、金次郎（金治郎）。相模国足柄上郡栢山《かやま》村（神奈川県小田原市栢山）の農家に生まれる。父母の死で、十六歳で伯父に引き取られ、苦学しながら、一家を再興する。二十六歳で小田原藩士服部家に仕え、同家を復興。三十六歳、同藩の領地下野国桜町の復興を命ぜられ、成功。五十八歳で幕府から日光神領の復興を命ぜられ、その過程で、七十歳で病没。

宮沢賢治《みやざわけんじ》『二十六夜《にじゅうろくや》』

弱肉強食という不条理

北上河畔の森で二十四夜から二十六夜にかけて行われたフクロウたちの念仏講の物語。熱心に聴講したフクロウの子が人間に捕まり、非業の死を遂げる。

「南無疾翔大力《なむしつしょうたいりき》、南無疾翔大力。」

みんなは高く叫びました。その声は林をとどろかしました。雲がいよいよ近くなり、捨身菩薩《しゃしんぼさつ》のおからだは、十丈ばかりに見えそのかがやく左手がこっちへ招くように伸びたと思うと、俄《にわか》に何とも云えないいいかおりがそこらいちめんにして、もうその紫の雲も疾翔大力の姿も見えませんでした。ただその澄み切った桔梗《ききょう》いろの空にさっきの黄金《きん》いろの二十六夜のお月さまが、しずかにかかっているばかりでした。

岩手県花巻市の宮沢賢治記念館を訪れると、玄関前で、台座の上に据えられたフクロウの彫像が出迎えてくれる。入り口のモニュメントとしては地味で、うっかりすると見過ごしてしまう。それが「二十六夜」の疾翔大力《しつしょうたいりき》だと気が付けば、かなりの賢治ファンだ。白く不透明で、ひっそりと動ずることのないその像は、この世の悲しみや苦しみをすべて吸い取ってきたかのように寂しく目を見開いている。

疾翔大力は、もともとは捨身（または施身）大菩薩といい、雀であったが、飢饉《ききん》の人間の親子を救うために我が身を捨てて、その功徳で大力の菩薩となって、どんな苦難をも救ってくださるという。

もっとも「二十六夜」の主人公は、疾翔大力ではない。疾翔大力は、フクロウの坊さんが森のフクロウたちに説く「梟鵄《きゅうし》守護章（または救護《くご》章）」というお経（もちろん架空のもの）に出てくる。このお経は、鳥たちが自分よりも弱い生き物たちを餌食として生きる悪業により、もっと強い猛禽《もうきん》や人間をおそれて苦しむ様子を縷々《るる》と説いている。

その坊さんの説法をいちばん熱心に聴いていた子供フクロウの穂吉が、人間の子供に捕まってしまう。人間の子供は、ただのおもちゃとして穂吉を捕らえ、繋《つな》ぎ、そして脚を折って捨てる。説法の座は騒然となり、復讐《ふくしゅう》のために人間の家を焼いてしまおうという強硬意見も出る。その中で、二十六夜の細い月がのぼった東の空に、疾翔大力がお供を従えて姿を現し、そして穂吉は息を引き取る。

二十六夜待ちの民俗行事を背景に、賢治独特の幻想的で美しい自然描写の中で、人間をフクロウに置き換えた残酷な物語が展開する。「梟鵄守護章」が説くように、フクロウは弱い鳥や虫を食べて生きていながら、人間の前では無力で、ただのいたずらで殺されてしまう。それは業《ごう》として免れがたいものなのか。だが、なぜ犠牲者がいたいけな子供で、何の罪もない穂吉でなければならないのか。それはあまりに不条理ではないか。

生態学的連環の中で、強者が弱者の肉を食べて生きなければならない世界への疑問は、賢治を苦しめ続けた。「よだかの星」も同じテーマをめぐって展開し、悩み抜いたよだかは、食べることを拒んで、空にのぼって星になってしまう。そこには、菜食主義を貫いて、自らの命を縮めた賢治自身の姿がダブる。

晩年の賢治は、観念の世界ではなく、もっと現実の世界の中で人々の幸福を求めようとして、技師として新しい肥料の開発普及に情熱を燃やす。晩年の傑作「グスコーブドリの伝記」では、主人公のグスコーブドリは、冷害から人々を救うために、自らの身を捨てて火山を爆発させ、炭酸ガス（二酸化炭素）を噴出させる。気候を温暖化させて豊饒《ほうじょう》の世界をもたらそうというのだ。

冷害の続く東北のまっただ中で、「サムサノナツハオロオロアルキ」ながら、賢治は宗教に向かい、科学と取り組む。だが、人々の幸福をもたらすために、主人公が自らを犠牲として実現を目指した温暖化が、今日地球を苦しめている。その温暖化対策の切り札として登場した原子力発電が、もっと大きな悲劇を生む。どこまで行っても悪循環が続く。それは、止めようがないものであろうか。

そこに、弱肉強食の自然世界の循環がかぶさる。人間が「万物の霊長」などと傲慢《ごうまん》に世界を踏みにじれば、今度は人間がもっと大きな力につぶされる。自然は決して人間に従順なものではない。そんな世界の転変を、疾翔大力は寂しげな目でじっと見守っている。

＊谷川徹三／編『童話集 風の又三郎 他十八篇』岩波文庫、一九六七年
＊『宮沢賢治全集5 貝の火・よだかの星・カイロ団長ほか』ちくま文庫、一九八六年

宮沢賢治 〔明治二十九（一八九六）年—昭和八（一九三三）年〕

詩人・童話作家。現在の岩手県花巻市の商家に生まれる。家業と家の宗旨の真宗を厭い、法華経に心酔して国柱会に入会。一時、家を出る。二十六歳、稗貫農学校（のち花巻農学校）教諭に就任。三十一歳、農業と芸術の実践のため農学校を退職して羅須地人協会を設立。三十三歳、結核のため病臥。三十八歳、花巻で没。

南《みな》方《かた》熊《くま》楠《ぐす》『土《ど》宜《ぎ》法《ほう》龍《りゅう》宛《あて》書《しょ》簡《かん》』

科学と宗教の交叉

土宜法龍は、真言宗高野派管長で真言宗各派連合総裁を務めた学僧。熊楠二十七歳のときにロンドンで出会い、往復書簡が始まった。

大乗は望みあり。何となれば、大日に帰して、無尽無究《むじんむきゅう》の大宇宙の大宇宙のまだ大宇宙を包蔵《ほうぞう》する大宇宙を、たとえば顕微鏡一台買うてだに一生見て楽しむところ尽きず、そのごとく楽しむところ尽きざればなり。涅槃《ねはん》というは、消極性の詞なり。すでにこの世にあいて涅槃をのぞむ。涅槃に入れば、また涅槃を飽き厭うに及ばん。また、この世にあくというも、実際お迎えは延期を乞うような自家衝突のぶらぶら不定の想に過ぎず。故に大乗徒が小乗徒と同視さるるを喜悦するなどは、小生もっとも不同意なり。

近代は仏教受難の時代であった。近代化・西洋化を推し進める中で、仏教は前近代的な迷信として見られ、批判された。その中で、仏教側は合理化・近代化を進め、生き残ろうと懸命であった。近代化のモデルとなったのは西洋のプロテスタントであり、それと近似的に信仰中心で再構築できた浄土真宗が、いち早く仏教近代化の先端に立った。

反対に、もっとも否定的に見られたのが密教であった。密教は非合理的な呪術《じゅじゅつ》に依存し、土着の神信仰や時の権力と結びついて、低次元の現世利益《げんぜりやく》を求める不純な宗教とされた。禅や念仏など、いわゆる鎌倉新仏教がもてはやされたのは、密教を否定し、宗教の合理化、純粋化を進めたという点からであった。一九七〇年代頃までは、宗派的な専門書を除くと、密教に関する本は数えるほどしかなく、密教が見直されるのは八〇年代以後のことである。

密教否定が続く近代の中で、例外的に積極的に密教の立場に立ったのが、南方熊楠であった。熊楠は、一生涯在野の研究者として、専門の枠を超えた巨大な業績を残したが、その多面的な活動を貫く根底は、壮大な密教的世界観であった。

不羈《ふき》奔放な熊楠のよき理解者の一人が真言宗僧侶土宜法龍《どぎほうりゅう》であり、二人は膨大な書簡を交換している。熊楠は十歳以上年上の法龍に甘え、言いたい放題に自説を披露している。とりわけ明治三十六（一九〇三）年七月十八日の法龍に宛てた書簡は、いわゆる「南方マンダラ」を述べたものとして注目される。

熊楠は、粘菌類の研究で知られた自然科学者でもあるが、ここで熊楠は、「科学というも、実は予をもって知れば、真言の僅少の一分に過ぎず」と、その限界を指摘し、真言密教は科学を超えた広大な世界を明らかにするものと見ている。その密教の世界を図示したものが、後に「南方マンダラ」と呼ばれるもので、子供のいたずら書きのように、ごちゃごちゃに込み入った線が描かれている。

この図はまず、物と心、そして事象の世界が複雑な相互関係を構成していて、「不思議」ともいえる構造をなすことを示している。しかし、それらは不思議といっても、「法則だに立たんには、必ず人智にて知りうるもの」である。つまり、線が交わる結節点を解きほぐしていくことで、解明できる。

ところが、いちばん上に一本の線が描かれ、それは他の線と交わることがないから、他から解明することができない。わずかに人智がそれに接近したところで、推測できるにすぎない。これこそ「大日如来の大不思議」に他ならない。可知的世界を超えたこの大日如来の大不思議が万物を基礎付け、万物が生ずるおおもととなる。

熊楠はしばしばエコロジーの先駆者として評価されるが、このようにその自然観は単純ではない。根底の大日如来から生まれた世界は、自然や人間だけでなく、地獄や妖怪などの不可視のものたちをも含み、複雑に入りまじって、曖昧《あいまい》で猥雑《わいざつ》で流動的な様相を呈している。熊楠の研究した粘菌は、動物と植物、生物と無生物の境界線を動き回って変容し、そのいずれとも確定しがたい不思議を示す。熊楠の愛した和歌山の自然は、人智を超えた不思議なものの宝庫であった。

東日本大震災や原発の事故を経た今日、僕たちは否応《いやおう》なく、人間の力でたやすく制御できない不思議な自然の力に圧倒されている。それでもなお、経済優先を貫き、自然破壊を続けてよいものだろうか。自然を畏《おそ》れないものは、再び自然に報復されるのではないだろうか。

＊飯倉照平・長谷川興蔵／編『南方熊楠　土宜法竜　往復書簡』八坂書房、一九九〇年
＊中沢新一／編『南方マンダラ』河出文庫、二〇一五年

南方熊楠　〔慶応三（一八六七）年—昭和十六（一九四一）年〕

現在の和歌山市の商家に生まれる。二十歳、東京大学予備門中退。二十一歳、渡米。二十六歳、渡英。その後、大英博物館で働くようになり、科学誌『ネイチャー』に論文を寄稿。三十三歳、大英博物館を辞す。三十四歳、和歌山に戻る。以後、熊野の植物や粘菌、民俗を採集・研究。七十五歳、和歌山県田辺で没。

II

死者からの問いかけ

東日本大震災以後、急に「死者」という言葉が至るところに見られるようになった。十数年前、僕が死者ということを問題にし始めた頃、多くの場合、露骨に嫌な顔をされ、おかしなことを言う奴として敬遠された。死者を問題にすることはタブーであった。葬式仏教は仏教の堕落とされ、仏教は生者のためのものだというのが、常識だった。それが突然風向きが変わって、流行のように死者が語られるようになった。だが、今度は逆に、それ程軽々しく死者を語ってよいのか、という疑問が出る。身近な人の死によって衝撃を受けたことのある人ならば、死者について語ることなどできず、ただ沈黙の中に耐えるしかないことを、身をもって知っているはずだ。

そうではあるが、死者は僕たちを放っておいてくれない。常に僕たちを脅かし、不安に落とし込む。死者は僕たちを根源から突き動かす。僕たちは否応なく死者と関わらざるを得ず、行動を迫られる。死者とどのように付き合うかが、問い続けられる。

実は死者が忘却されたのは近代になってからのことで、それ以前は死者との付き合いは当たり前のことであった。生者の「顕《けん》」の世界はごく狭い範囲でしかなく、死者などを含む「冥《みょう》」の世界のほうが広大であった。その広大な「冥」の世界を捨て去るところに近代の栄華が築かれた。それがいま復讐《ふくしゅう》されているのではないか。死者の問題は今日ますます切実になっている。

源《げん》信《しん》『往《おう》生《じょう》要《よう》集《しゅう》』

死後の世界への希求

栄誉を捨てて比叡山に籠もり、学業と修行に励んだ源信。平安中期に浄土教を大成した本書は、地獄の様子を克明に描き出し、極楽往生の心得を説いた。

一篋《きよう》は偏《ひとえ》に苦なり。耽荒《とこう》すべきにあらず。四の山合せ来りて避け遁るる所なし。しかるにもろもろの衆生は貪愛《とんあい》を以て自《みずか》ら蔽ひ、深く五欲に著《ちやく》す。常《じよう》にあらざるを常と謂《おも》ひ、楽にあらざるを楽と謂ふ。(中略)いはんやまた刀山《とうせん》・火湯《かとう》、漸《ようや》くまさに至らんとす。

一箱の肉体は全く苦である。貪り耽ってはならない。四方から山が迫ってきて逃げるところがないのに、人々は貪愛によって蔽われ、深く色・声・香・味・触の欲望に執着している。永遠でないのに永遠に続くと思い、楽しみでないのに楽しみと思っている。(中略)まして刀山・火湯の地獄がそこに迫っている。

東北地方にムカサリ絵馬という風習がある。独身で亡くなった若者に対して、死後の世界で幸福な結婚をするようにと、結婚式を描いた絵馬をお寺に奉納する。明治の頃から今にいたるまで、ずらっと掲げられた額絵には、不思議な生々しさとともに、どこか懐かしさを感ずる。

東北には、他にも恐山、即身仏、オシラサマ、イタコなど、日常の中に死者や異界の者たちとの交流が当たり前になっていて、タテマエの仏教理論では捉えられない強烈な世界が展開する。二十年ほど前、科学研究費の共同研究に加えていただき、東北を巡り歩いたことは、僕の世界観や研究態度を変えるほどの大きな衝撃を与えた。

その後、京都に移り住んだ。京都もまた、死者たちの世界が周辺に広がり、地下の地獄に向かう通路も開かれている。考えてみれば、異界と遮断してしまった東京のような大都会が不自然なのであって、長い間人々は死者や異界の者たちと共存して生きてきた。その感覚は、決して迷信として否定しきれない大事なものを含んでいる。

平安の都は、最初から陰謀によって死に追いやられた早良《さわら》親王（桓武天皇の弟）たちの亡霊に付きまとわれた。しかし、そのような御霊《ごりょう》信仰を別とすれば、個人の死後のことが大きな問題となるのは、平安中期になってからである。その大きなきっかけとなったのが、源信の『往生要集《おうじょうようしゅう》』であった。

本書の最初に出てくる地獄の叙述は、そのリアルな恐ろしさで知られる。地獄を含む六道《ろくどう》（地獄・餓鬼・畜生・修羅・人・天）を輪廻《りんね》するという死生観は、絵画に描かれ、説教に語られて、日本人の間に定着した。

輪廻の苦と対照して死後の楽園と考えられたのが、阿弥陀《あみだ》仏の極楽浄土である。浄土に往生するためには、現世への執着を捨て、ひたすら仏に思いをかけて、心乱すことなく臨終を迎えなければならない。平安中期頃から広まった浄土教は決して抽象的な観念ではなく、きわめて現実的で切実な祈念であった。

恐らく源信自身が指導者となって結成されたと思われる二十五三昧会《にじゅうござんまいえ》は、二十五人で結社を結び、相互に助け合いながら立派に臨終を迎え、極楽往生を目指すものである。亡くなった人は、首尾よく往生できたかどうか、夢に現れて知らせる義務がある。今日から見れば、あまりに現実離れしているように見えるかもしれないが、死後の世界への希求はそれほど強く、やがて社会全体を蔽《おお》うようになる。院政期に数多く著された往生伝は、見事往生を遂げた人たちの記録である。

浄土教の定着の中で、死後の世界はさまざまなヴァリエーションを生んでいく。阿弥陀仏の極楽としばしば較べられたのは、弥勒《みろく》菩薩の兜率天《とそってん》であり、弥勒がやがてこの世界に降臨するという下生《げしょう》信仰とともに広められた。

浄土はまた、より身近にこの世界の中にあるとも考えられた。空海が瞑想《めいそう》に入ったまま生きていると信じられた高野山は、代表的な現世の浄土である。世界遺産に加えられた平泉の中尊寺もまた、現世の浄土として藤原清衡《きよひら》たちの遺骸が金色堂に納められている。

死者たちの世界は、必ずしもはっきりした形で表象されるわけではなく、漠然として混乱している。しかし、だからといって非合理として切り捨てることはできない。死者たちと関わることがなければ、生者の世界もまた、必ずや殺伐として貧しいものになってしまうであろう。

＊石田瑞麿／訳注『往生要集』上・下、岩波文庫、二〇〇三年
＊石田瑞麿／校注『日本思想大系　源信』岩波書店、一九七〇年
＊川崎庸之・秋山虔・土田直鎮／訳『往生要集　全現代語訳』講談社学術文庫、二〇一八年

源信 [天慶五(九四二)年—寛仁一(一〇一七)年]

天台宗の僧。大和国当麻(奈良県葛城市)に生まれ、九歳で比叡山横川の良源に入門。栄達を望まず十五歳で比叡山横川に隠棲。四十四歳、『往生要集』を著し、天台浄土教を開く。六十三歳、権少僧都となる。翌年に辞退するが世に恵心僧都と呼ばれる。七十六歳、臨終行儀に従って横川で没。教学にも優れ、『一乗要決』などの著作がある。

慈《じ》円《えん》『愚《ぐ》管《かん》抄《しょう》』

冥との交感が紡ぐ歴史

後鳥羽上皇が討幕の兵を挙げ敗れた承久の乱（承久三／一二二一年）の頃、初代神武天皇以来の歴史に源氏の武家政権登場の必然性を求めた書。

この源氏頼朝将軍昔《むかし》今《いま》有難《ありがた》き器量《きりよう》にて、ひしと天下をしづめたりつるあとの成行《なりゆく》やう、人のしわざとはをぼへず。顕《けん》には武士が世にて有べしと、宗《そう》廟《びよう》の神も定めをぼしめしたることは、今は道理にかないて必然なり。其上《そのうへ》は平家の多く怨霊《おんりよう》もあり。

この源氏の頼朝将軍は、古今通してめったにない実力者で、きっちりと天下を平定した後のやり方は、人間業とは思われないほどだった。顕の世界では、武士の世になるのが適当と、宗廟の神もお決めになられたことは、今では道理にかなって必然のことだ。しかし、その上には（冥の世界に）平家の怨霊も多くいる。

僕たちは、ともすれば合理性や科学性に絶対の価値を置いて、それで捉えられないものは否定すべきだと考えがちだ。しかし今日、そのような融通の利かないゴリゴリの合理主義はだんだん通用しなくなっている。僕はしばらく前から、合理的に把握でき、いわば目に見えたり、理論的に論証されたりするものの領域を「顕《けん》」と呼ぶことにしている。それは自然科学はもちろん、政治や経済など、公共的に議論できる領域といってよい。それに対して、そのような合理的な理論で捉えきれない領域を「冥《みょう》」と呼んでいる。

例えば人間の心を考えてみよう。しばらく前に続けて起こった少年たちの残虐な事件は、心理学などでは捉えきれない心の奥底の闇があることを明らかにした。あるいは科学で論じられない死者の問題は、少し前までは公共の場で議論すべきことではないと思われてきた。だが、阪神・淡路大震災、東日本大震災と続いて、否応《いやおう》なく死者の問題と真向かわなければならなくなってきた。これらは、「顕」の世界では捉えきれない「冥」の世界の問題だ。

人々の心の拠りどころとなってきた神社や仏閣も、「冥」の領域と関わるものであり、被災地のそのような施設をどう復興するかも大きな問題である。こうして今日、「冥」の領域の問題をどう理解して対処するかが、正面から問われている。

実は、「顕」と「冥」という対概念は、中世に実際に使われていたもので、それを歴史に適用したのが、慈円の『愚管抄《ぐかんしょう》』である。慈円は関白九条兼実《くじょうかねざね》の弟で、長く天台座主《ざす》を務め、政治・宗教の両面で権勢を振るって激動期を生き抜いた。『愚管抄』はまさしくその立場から歴史を記したもので、歴史の法則性を「道理」の観点から捉えようとした。

例えば、頼朝が天下を取ったことを「顕には武士が世にて有《ある》べし」と認めている。すなわち「顕」の人間の活動の領域で、武士の世になったことは歴史の必然だと肯定するのである。これは、慈円が貴族出身でありながら、歴史の新しい動向をいち早く積極的に受け止めたものとして、その開明的な態度が高く評価されている。

しかし、このような歴史を貫く「道理」の観念を近代的な歴史法則と考えると、いささか違っている。慈円は、「顕」の世界の変化をそれ自体の自律的な運動と認めているわけではない。歴史は「顕」の世界の人間だけで作るものではなく、そこに「冥」の力がはたらいているとするのである。

慈円は先の文を受けて、「宗廟の神も定めをぼしめしたることは、今は道理にかないて必然なり」と、「冥」なる神が認めたことであるから、道理にかなった必然性を持つのだと論じている。ある意味では、「顕」なる人間の活動は、「冥」なる神々によって操られているとさえいうことができる。

それに加えて、「平家の多く怨霊もあり。只冥に因果のこたへゆくにやとぞ心ある人は思ふべき」とも言っている。「冥」の世界では、平家の怨霊の活動も無視できず、それらを含めてはじめて歴史の因果が理解されるというのである。死者たちも歴史に関与する――。今日から見ればとんでもなくばかげた発想で、中世の迷信として一笑に付されそうである。

だが、そうだろうか。アウシュビッツやヒロシマの死者たち、そして、大震災の死者たちの思いを無視して歴史を考えられるだろうか。歴史は人間たちだけで勝手に作るものではない。「冥」なるものとの交感なしに歴史は考えられない。慈円の歴史観には今日なお学ぶべきところがありそうだ。

＊丸山二郎／校注『愚管抄』岩波文庫、一九四九年
＊岡見正雄・赤松俊秀／校注『日本古典文学大系　愚管抄』岩波書店、一九六七年
＊大隅和雄／訳『愚管抄　全現代語訳』講談社学術文庫、二〇一二年

慈円 〔久寿二（一一五五）年—嘉禄一（一二二五）年〕

天台宗の僧。摂政関白藤原忠通の子であるが、兄に後に摂政関白になる九条兼実があり、当時の貴族の通例によって十一歳のとき天台宗青蓮院に入る。十三歳、天台座主明雲のもとで出家得度。三十八歳で天台座主になって以来、四度も座主を務める。七十一歳で没。歌人としても知られ、没後、私家集『拾玉集』が編まれた。

平田《ひらた》篤胤《あつたね》『霊能真柱《たまのみはしら》』

身近な死者の領域

篤胤の代表的著述で文化十（一八一三）年刊。天は神々、地は天皇が治め、冥府の霊は神社や墓に安らぐと説く。

冥府《かみのみかど》と云ふは、此顕国《このうつしくに》をおきて、別に一処《ことひとところ》あるにもあらず、直《ただ》ちにこの顕《うつし》国《くに》の内《うち》いづこにも有《あ》なれども、幽冥《ほのか》にして、現世《うつしよ》とは隔《へだ》たり見えず。（中略）さて、その冥府《めいふ》よりは、人のしわざのよく見ゆめるを、顕世《うつしよ》よりは、その幽冥を見ることとあたはず。

死者の行く冥府というのは、この生者の住む顕国を離れて別の場所にあるのではない。この顕国の内のどこにでもあるのだが、幽冥であって、現世とは隔たっており、見えない。（中略）さて、その冥府からは人のしていることがよく見えるようだが、顕世からは、その幽冥を見ることができない。

明治維新の原動力は、水戸学派の儒教と平田篤胤に由来する復古神道だといわれる。水戸学派が天皇の唯一性に基づく国体論を展開したのに対して、復古神道は国学の流れを受けながら、神道を再編することで仏教を排撃し、それに代わる世界観を構築しようとした。明治維新当初、新政府はその立場を受け入れて神仏分離令によって仏教の影響を排除するとともに、古代の律令制を理想として、太政官《だじようかん》とともに神祇官《じんぎかん》を設け、神道国教化政策をとった。神祇官には平田派系の神官が採用されたが、その時期は長く続かず、神祇官は廃止され、平田派は時代遅れとして見捨てられた。後の国家神道は水戸学派系の国体論を継承する。

こうして平田篤胤は、本居宣長の先進的な国学を頑迷で非合理な神道に改変した張本人として、長い間ほとんどまともな評価を受けることがなかった。実際もし近代的、合理主義的な発想が正しいとするならば、篤胤はそれと正反対の方向を向いたおかしな思想家ということになろう。篤胤は儒教の霊魂否定論に対して、『鬼神新論《きしんしんろん》』を書いて霊魂の実在を主張するなど、合理主義的な現世主義を断固として批判した。篤胤の思想が注目されるようになったのは、近代合理主義が疑問視されて以後のことである。

篤胤は膨大な著書を遺しているが、中でも『霊能真柱《たまのみはしら》』にはその世界論と霊魂論のエッセンスが凝縮されている。もともと神道は現世の問題が中心であり、死後の霊魂の行方は、いわば仏教任せでほとんど議論されなかった。国学においても、その大成者宣長が、「ただ死ぬればよみの国に行くものとのみ思ひて、かなしむより外の心なく、(中略) さて其のよみの国は、きたなくあしき所に候へ共、死ぬれば必ずゆかねばならぬ事に候故に、此の世に死ぬるほどかなしき事は候はぬ也」(『鈴屋答問録』)と言うように、死後のことはお手上げ状態であった。

それがはじめて問題とされたのは、宣長の弟子の服部中庸《はっとりなかつね》の『三大考《さんだいこう》』であった。中庸は天(日)・地・泉(黄泉・月)の三大の成立を論じ、はじめて死後の黄泉《よみ》の世界の成り立ちを論じた。篤胤は『霊能真柱』で『三大考』を利用しながらも批判し、とりわけ死者の行く場所が黄泉ではないという独自の説を提示した。それではどこなのか。

篤胤は、「冥府と云ふは、此顕国をおきて、別に一処あるにもあらず、直ちにこの顕国の内いづこにも有なれども、幽冥にして、現世とは隔たり見えず」と述べ、来世を地下の黄泉やあるいは遠方の極楽浄土に置くことを拒否して、「冥府」を「顕国」と重ねあわせ、きわめて身近なところにあるものと考えた。

それでは、死者は現世のどこにいるのか。「社《やしろ》、また祠《ほこら》などを建て祭りたるは、其《その》処《ところ》に鎮まり坐《お》れども、然在《しから》ぬは、其墓《おくつき》の上に鎮《しず》まり」いるというのである。ただ、幽冥界からは現世を見ることができるが、現世の側からは幽冥界を見ることはできないという。

死者はもともと恐ろしいもので、生者に害をなすので、できるだけ生者の世界から離れたところに墓地を設け、生者に干渉できないようにした。それが、次第に生者の領域が広がり、埋葬や死者の慰霊の方法が進化するとともに、その恐怖が薄れ、死者が生者の身近にいると受け止められるようになってきた。篤胤の死者論は、そのような時代を反映している。死者と生者の関わりという点から、大きな一歩を踏み出したといえる。

篤胤はまた、天狗に連れ去られて帰還した少年からの聞き取り記録『仙境異聞《せんきょういぶん》』なども著し、民俗学の先駆者とも言われる。近代の柳田国男や折口信夫《おりくちしのぶ》につながる霊的世界論の源泉を見ることができる。

＊子安宣邦／校注『霊の真柱』岩波文庫、一九九八年
＊田原嗣郎他／校注『日本思想大系 平田篤胤・伴信友・大国隆正』岩波書店、一九七三年

平田篤胤 〔安永五（一七七六）年―天保十四（一八四三）年〕

江戸後期の国学者。秋田藩士の子に生まれ、二十歳で江戸に出て独学で国学を学ぶ。二十五歳、備中松山藩（岡山県高梁市）の兵学者・平田篤穏の養子になる。二十八歳、本居宣長の没後の弟子となる。仏教が担ってきた先祖供養を日本の古道に求めて国学を再解釈し、三十七歳のときに『霊能真柱』を著す。六十六歳、故郷の秋田に戻り、六十八歳で没。

柳田国男《やなぎたくにお》『先祖《せんぞ》の話《はなし》』

死者との距離から社会を見る

太平洋戦争末期、多くの若者が戦死していく中で、家と先祖供養の由来や日本人の霊魂観などから日本文化の特質を論じた。戦後の刊行。

日本人の多数が、もとは死後の世界を近く親しく、何かその消息に通じているような気持を、抱いていた。(中略) 第一には死してもこの国の中に、霊は留まって遠くへは行かぬと思ったこと、第二には顕幽二界の交通が繁く、単に春秋の定期の祭だけでなしに、いずれか一方のみの心ざしによって、招き招かるることがさまで困難でないように思っていたこと、第三には生人の今はの時の念願が、死後には必ず達成するものと思っていたことで、これによって子孫のためにいろいろの計画を立てたのみか、更に再び三たび生まれ代わって、同じ事業を続けられるもののごとく、思った者の多かったというのが第四である。

戦争中は厳しい言論統制で思想が圧殺され、戦争遂行一色になり、それが敗戦とともに突然ひっくり返って自由な思想が展開されるようになった、というのが常識的にいわれていることだ。しかし、実際の思想動向を見ていくと、この常識は間違っていることが分かる。

戦争末期の一九四四～四五年前半には、戦後に花開く重要な思想の基礎が形成されている。鈴木《すずき》大拙《だいせつ》、田辺元《たなべはじめ》らの大家はもちろん、丸山眞男《まるやままさお》らの若手もまた、この時期の研究が戦後の活躍の出発点となる。困難な状況が、それだけ強靭《きょうじん》な思想を鍛えたともいえる。

柳田国男もまた、敗戦直前に『先祖の話』を書き上げ、敗戦後に出版する。柳田の確立した日本民俗学は、上からのお仕着せでなく、名もない庶民が築き上げてきた日々の生活の知恵を収集整理するものであった。それが、多数の人々が死に直面する戦争の中で、日本人の死後や霊魂の観念が、もともとどのようなものであったかという問題に否応《いやおう》なく突き当たり、その解明を求められることになった。

柳田が本書で展開する死後観や霊魂観は、きわめて大胆なもので、日本人の神観念の成立にも関わるスケールの大きな仮説を含む。それは、もともと日本の神は先祖神に由来するというものである。

先祖神は個体化されない、いわば集合的な神であるが、次第に特定の偉大な個人だけが先祖として祀《まつ》られたり、直近の親などが祖先の中でも個体性を持つものとして特別視される中で、変質していったと見るのである。柳田によれば、正月と盆はもともと同じ先祖神の祭であったが、後に分化したという。

柳田は、先祖崇拝は変質しながらも、日本人の根底の宗教観をなし続け、今後も継承していくべきものと見ている。そう考えると、戦争で家自体が断絶してしまった場合、その死者の霊を誰が祀るかということがきわめて切実な問題になってくる。本書執筆の大きな動機はここにあったと思われる。柳田は、養子などの方法で家を継承していくことに可能性を見いだしている。

現実には、戦後の憲法や民法の改正によって、戦前の家父長制下で維持された家の観念は否定され、大都市への人口流出や少子高齢化で、事実上家の継承はほとんど成り立たなくなっている。その点で、柳田が示した処方箋《せん》はもはや通用しない。そもそも、家と先祖神の観念が仏教以前に遡《さかのぼ》る日本人の原信仰だとする柳田の説は、客観的な根拠を持たない。ごく一部の貴族や武士を除けば、一般の庶民にまで家の継承や先祖崇拝の観念が持ち込まれるのは、近代になってからのことである。

柳田が繰り返し指摘する死者との親しさという観念も、葬儀や埋葬がある程度きちんと行われ、死者への恐れが減少してはじめて可能となることであるから、せいぜい近世以後である。

このように、柳田のアイディアはそのままでは今日成り立たない。しかし、それにもかかわらず、死後や霊魂の問題を抽象的な理論ではなく、庶民の生活文化の中で長い歴史をもって形成されてきたものとして解明し、それを政治や社会組織にまで関わる重大問題だと指摘した柳田の基本的な論点は間違っていない。

柳田以後、こうした問題は社会の表面から消し去られ、まともな議論がなされてこなかった。ようやく最近になって東日本大震災などを受け、柳田が忌避した仏教の問題を含めて、もう一度伝統として継承されてきた死生観を問い直すことが、真剣な課題として浮上してきているのである。

＊『柳田國男全集』第13巻所収　ちくま文庫、一九九〇年
＊『先祖の話』角川ソフィア文庫、二〇一三年

柳田国男 〔明治八（一八七五）年—昭和三十七（一九六二）年〕

現在の兵庫県福崎町の医師・松岡家に生まれる。十三歳、現在の茨城県利根町に医院を開業していた兄の家に移る。二十六歳、東京帝国大学法科大学卒、農商務省に入る。その後、農村の調査・研究から民俗学を開く。二十七歳、柳田家の養子として入籍。三十九歳、雑誌『郷土研究』創刊。八十八歳、東京で没。『遠野物語』など、著作多数。

田《た》辺《なべ》元《はじめ》『メメント モリ』

生者の中に蘇る死者

晩年の田辺が『信濃教育』に発表したエッセーで、題名はラテン語で「死を思え」の意。禅の公案や大乗仏教の菩薩を手がかりとして死を見つめている。

自己は死んでも、互に愛によって結ばれた実存は、他において回施のために
はたらくそのはたらきにより、自己の生死を超ゆる実存協同において復活し、
永遠に参ずることが、外ならぬその回施を受けた実存によって信証せられる
のである。死復活というのは死者その人に直接起る客観的事件ではなく、愛
に依って結ばれその死者によってはたらかれることを、自己において信証す
るところの生者に対して、間接的に自覚せられる交互媒介事態たるのである。
（中略）個々の実存は死にながら復活して、永遠の絶対無即愛に摂取せられる
と同時に、その媒介となって自らそれに参加協同する。

死は哲学上の難問である。誰もが経験するはずなのに、それを実際に経験した人はこの世界に誰もいない。さまざまな宗教が、それぞれ異なった来世観を説くが、どれが正しいのか、誰も証明できない。死に関する議論はいかにも不毛であり、科学的合理主義が力を持つ近代において、議論そのものが封印されることになった。現代は死を忘れた文明といえるが、それでよいのであろうか。

自分の死については誰も経験できないから、何も分からない。しかし、身近の親しい者の死を経験しない人はいない。自分の死については、「死んだらゴミ」と言い放つ人でも、身内の者が亡くなったら、ゴミとは思えないだろう。戦争や大きな災害は多数の非業の死者を生み、生き残った者は深い負い目に苦しむ。死者と何らかの関係を持たない人はいない。死者はある時には生者を責め、ある時には励ます。そうとすれば、自分が死んだらどうなるか、という以前に、死者とどのように関わるか、ということが問題になる。

死者の問題を考えるようになって、過去の哲学者の著作を読み直した時、この問題を正面から扱ったほとんど唯一の哲学者が田辺元であることを知った。晩年の一九五〇年代後半のことであり、田辺はそれを「死の哲学」と呼んで、最後の力を振り絞って、前人未到の世界に取り組んだ。その背後には、妻を喪《うしな》い、死んだ妻が自らのうちに生きていると実感したこと、それに、ビキニ環礁でのアメリカの核実験によって第五福竜丸が被曝し、核の脅威による死という事態に人類が直面したことが挙げられる。田辺の「死の哲学」は、長編の論文「生の存在学か死の弁証法か」に詳しく展開されているが、難解である。それに対し、短編のエッセー「メメント モリ」には、そのエッセンスが簡潔に凝集されている。そこで田辺は死者との「実存協同」ということを説くが、そのことを、禅籍の『碧巌録《へきがんろく》』に出る師弟の話で説明している。修行僧の漸源《ぜんげん》は、生死の問題に迷い、師の道吾《どうご》に問うたが、「生ともいわじ、死ともいわじ」という答えを得て、理解できなかった。師の没後、兄弟子の石霜《せきそう》の指導で悟ったが、その時、漸源は師が自らのうちに生きてはたらいていることを自覚し、懺《さん》悔《げ》感謝したという。

自己は死んでも、愛によって結ばれた死者は生者の中に復活して、生者を導く。そこに「実存協同」が生まれる。このことは、禅の修行者に限らず、同じような経験をした人は多いであろう。それは抽象論ではなく、僕たちの日常でごく普通に起こることである。だが、多くの哲学者たちはそれを見過ごしてきた。それに気づいた田辺もまた、理論化するのに苦闘する。

死復活といえば、まずキリスト教におけるイエス・キリストを思い浮かべる。田辺も最初キリスト教に拠りどころを求めたが、そこではただ一人に起こった奇蹟でしかない。田辺はそこで仏教に向かう。大乗仏教の菩薩は、道吾のように、死後もなお生者の心に復活して、衆生済度《しゅじょうさいど》の愛に生き続ける。菩薩によって導かれた人は、今度は自ら菩薩として次に来る人を導く。そこに菩薩の「実存協同」の鎖が作られていく。

それに対しては、死者を美化しすぎているという批判もあり得よう。だが、そうだとしても、死者という問題をはじめて哲学的な議論の場に乗せた功績は大きい。田辺の死者論は長く忘れられていて、最近ようやくその真価が認められつつある。それだけ今日、死者という問題が切実になっているのである。

＊藤田正勝／編『田辺元哲学選Ⅳ 死の哲学』岩波文庫、二〇一〇年

田辺元［明治十八（一八八五）年―昭和三十七（一九六二）年］

東京に生まれる。二十七歳、東京帝国大学大学院を退学。二十九歳、東北帝大講師。三十五歳、京都帝大助教授（のち教授）。西田幾多郎の後継者として、京都学派の哲学を発展させる。六十一歳、京都帝大を退官し、長野県軽井沢に移住。終戦。その後も活発に著述を続け、七十八歳没。没後、『哲学研究』に「生の存在学か死の弁証法か」が掲載され、晩年の「死の哲学」の構想が明らかとなった。

日本の思想を考える❶三つの伝統

僕は、日本の伝統思想を三つの種類に分けるのがよいのではないかと考えている。それらを非常に単純に、小伝統・中伝統・大伝統と呼ぶことにする。小伝統は、第二次大戦後の伝統であり、中伝統は明治以後、第二次大戦での敗戦までの期間に形成された伝統である。それに対して大伝統は、明治以前の前近代の伝統である。この分類は区分が明快で、分かりやすいだろう。

それに対して、疑問が提示されるかもしれない。第一に、はたして小伝統は伝統ということができるか、という疑問があろう。ふつう伝統というと、もっと古くから伝わっていることを指すのではないだろうか。しかし、戦後も七十年以上経ち、その間の蓄積は十分に伝統というに値するだけのものを築いてきている。それは、明治から続いた中伝統とはかなりはっきりした断絶を持つので、区別して考える必要がある。

第二に、小伝統・中伝統に較べて、大伝統があまりに幅が広すぎないか、という疑問があろう。確かに、古代・中世・近世の間では、発想もまったく異なるところがあり、一括するのは乱暴かもしれない。しかし、今日から見た場合、「前近代」としてかなり漠然として括《くく》られ、時には「古来の伝統」などと怪しげな言葉で語られることさえもある。それ故、ひとまずそれを大伝統として大雑把に捉え、そのうえで必要に応じて細かく分けて見ていくほうがよいと考える。

そこで、もう少し立ち入って三つの伝統について見てみよう。まず小伝統であるが、これは『日本国憲法』(Ⅶ章)を中核として形成されてきた伝統であり、平和・民主主義・人権などをキーワードとしている。そこでは、過去の日本を断罪し、人類の普遍的な原則に従って、新しい日本を築くことが目指されている。日本という特殊性ではなく、人類という普遍性に立脚しようとしたところに、小伝統が従来の日本の思想、とりわけ中伝統と異なる大きな特徴がある。その中で、特に「平和」ということが、小伝統の合言葉となり、憲法第九条に明記された戦争放棄がその拠りどころとされた。

小伝統では、侵略戦争に終わった中伝統を否定するところから、大伝統まで含めて日本の伝統全体に懐疑的となった。その結果、伝統思想を頭から拒絶して、それをしっかりと受け止めようという姿勢が生まれないままになってしまった。その点で大いに反省されなければならない。しかし他方、戦後憲法の平和主義は日本人の中に広く定着して、ノーベル賞の候補として有力視されるまでになっている。世界中が戦争に巻き込まれつつある今日、その平和主義は日本が世界に誇りうる最大のものとも言える。そうであれば、たとえ問題が多くとも、小伝統を軽々しく否定することはきわめて危険であり、十分に慎重にしなければならない。

本書では、小伝統の思想からは、『日本国憲法』と、戦後を代表する論客丸山眞男の『日本の思想』（Ⅵ章）を取り上げた。また、田辺元や柳田国男は戦前から活動を続けてきた思想家だが、「メメント　モリ」や『先祖の話』は戦後に発表されたもので、ある意味では中伝統と小伝統を架橋するものとも言える（Ⅱ章）。

中伝統は、明治維新によって形成された日本の近代の伝統である。近代の日本は、西洋に追いつけ追い越せの富国強兵策を推し進め、欧米諸国と肩を並べて隣国の侵略へと突進する。まさしく「帝国」の形成であるが、欧米と異なる独自の特徴として、「万世一系」の天皇を頂点とする政治・文化システムをナショナル・アイデンティティの中核に置いたことが挙げられる。天神の子孫である天皇が支配するという点で、日本は他のどの国とも異なる神聖で卓越した民族国家であるとされた。その体制が「国体」と呼ばれるもので、単に政治上の問題ではなく、それが同時に日本文化の優秀性を示すこととともされた。「国体」はまさに日本が欧米コンプレックスを振り払い、自国に誇りを持つための最大の観念的装備であった。

このような「国体」を明確化した最高規定が『大日本帝国憲法』であるが、そこに謳われた天皇の「万世一系」が成り立つためには、近代的な憲法の枠の中だけでは済まなかった。皇祖アマテラスが皇孫ニニギに対して、「瑞穂の国は是れ吾が子孫、王たるべきの地なり」と告げたという天壌無窮《てんじょうむきゅう》の神勅が根拠とされる。このように、「国体」は近代的な国家に収まりきらない大伝統に根拠を求めている。しかし、それは決して大伝統そのものではなく、中伝統的に解釈し直された大伝統である。即ち、古代神話を再編成して、皇祖神であるアマテラスを頂点とした壮大な近代神話とも言うべきものに作り変え、それに基づいて神々のランク付けを行い、さらに靖国神社・明治神宮など、新しい神社を創建した。植民地にも新しい神社を作ることで、統合の中心とした。さらに、「万世一系」の天皇が、有史以来日本を支配しつづけたという理念のもとに、南北朝時代の北朝を否定するなど、過去の歴史をも新しく作り変えてしまった。

今日、「伝統」を口にする政治家などは、多く十分な反省もないままに、こうして中伝統的に作り直された大伝統を前提にしている。それでは、本当に日本の伝統を生かすことにはならない。もちろん、だからといって、中伝統を全否定するのも適当ではない。世界の荒海の中に投げ出された小さな島国が、生き抜いていくために必死になって作り上げた拠点であり、それは幅広い国民的な支持を受けて定着することになった。その事実を無視することはできない。今日、小伝統主義者と中伝統主義者が相互に対立して否定しあうことで、全体の歴史の流れが見えにくくなっている。これは日本の伝統をまじめに考えていくうえで、はなはだ不幸な状況と言わなければならない。

中伝統を考えるとき、その教科書とも言うべき『国体の本義』（Ⅶ章）は必読書である。ＧＨＱ（連合国軍最高司令官総司令部）によって禁書にされたことで忘れ去られてしまったが、よい面も悪い面も含めて、中伝統を批判的に見直すために不可欠の一書である。戦後のいわゆる「日本人論」のネタさえもが、そこにほとんど詰まっている。このような積極的な「国体」言説でなくても、明治以後のあらゆる思想は、何らかの形で「国体」や「日本」のあり方という問題に関わらないものはなかった。優れた思想家たちは多く、「国体」の欠陥を見抜きながら、それと格闘する中で、「日本」とは何か、どうすればそれをよい国に作り替えていくことができるかという問題に必死で取り組んだ。彼らの営為は、決して古臭いものではなく、今でも私たちに大きなヒントを与えてくれる。

III

超俗から世俗へ

フランスのグランド・シャルトルーズ修道院の生活を撮ったドキュメンタリー映画『大いなる沈黙へ』(フィリップ・グレーニング監督、二〇〇五年製作)は、二〇一四年に日本で上映されたが、ナレーションも音楽も入らない約三時間の長い映画を魅入られる思いで観た。世俗との関わりを一切絶ち、沈黙の中にひたすら神に祈る生活を一生続ける修道士たちの満ち足りた穏やかな表情は、世俗の慌ただしさの中に自分を見失いがちな僕たちに、それとはまったく異なる世界のあることを示してくれた。

それに較べると、日本では禅寺の接心《せっしん》や比叡山《ひえいざん》の籠山行《ろうざんぎょう》などの厳しい修行はあっても、一生完全に世俗と隔離するところに理想の宗教生活を見出すような発想は乏しい。むしろ修行で身に付けた力を世俗社会に向けて発信するところに力が尽くされた。それが今日の社会参加仏教にもつながる。海外からしばしば奇異の目で見られる日本の僧侶の肉食《にくじき》妻帯は、公認されたのは明治になってからであるが、それを許す土壌は早くから形成されていて、宗教と世俗の接近を示す一つの事例と言える。

近世の儒教になると、さらに世俗に内在する人間のあり方の探究に力が注がれた。外から与えられた倫理規範に従うのではなく、中江藤樹の孝、伊藤仁斎の愛のように、人間性の奥底に原理を見出す動向は、宗教にも通ずる深い人間理解を示している。

最《さい》澄《ちょう》『山《さん》家《げ》学《がく》生《しょう》式《しき》』

社会へと開かれてゆく仏教

大乗戒壇の創設を求めた最澄が、比叡山における修行の規則を定めて朝廷に提出した文書。従来の具足戒を「小乗」だと批判し、大乗菩薩戒の優位を説く。

国宝《こくほう》とは何物ぞ。宝とは道心なり。道心あるの人を名づけて国宝となす。故に古人言《いわ》く、「(中略)照千《しょうせん》・一隅《いちぐう》、これ則ち国宝なり」と。古哲また云く、「能《よ》く言ひて行《おこな》ふこと能《あた》はざるは国の師なり。能く行ひて言ふこと能はざるは国の用《ゆう》なり。能く行ひ能く言ふは国の宝なり。(中略)」と。

国の宝とは何か。悟りを求める心である。悟りを求める心のある人を国の宝と名づける。それ故、古人は、「(中略)一隅を守り千里を照らすのが国の宝である」と言っている。古えの哲人はまた、「理論はできるが実行はできないのは国の師である。実行はできるが理論ができないのは国に役立つ人だ。理論と実行ができるのが国の宝だ」と言っている。

日本の仏教は、長い間葬式仏教の基礎の上に成り立ってきていたが、近年急速に葬式仏教離れが進み、どの宗派も強い危機感を持つようになっている。そこから、葬式以外の、さまざまな形での弱者の救済や自殺防止など、仏教者の社会的活動が注目されるようになった。もっとも、東日本大震災の際の仏教者のボランティアでも、死者の供養ということが第一に求められているように、葬式もまた、仏教者の社会的活動の中核として見直す必要がありそうだ。

僧院内での修行ではなく、世俗社会へ出て活動する仏教のあり方は、社会参加仏教と呼ばれる。もともとベトナムの僧侶の反戦運動の中から主張されるようになったものので平和主義的な活動が中心であるが、広い意味では、積極的に世俗社会に関わろうとする仏教のあり方すべてを含めることができる。

社会参加仏教は、近代になってアジア諸地域に見られるようになるが、日本の場合、古くから仏教者が社会的な活動を展開しており、日本仏教の一つの特徴ということができる。古代の行基《ぎようき》、中世の叡尊《えいぞん》や忍性《にんしよう》らの活動はよく知られている。

そのような日本仏教の社会参加を理論的に基礎付けたのが最澄であった。最澄は比叡山延暦寺《えんりやくじ》に大乗戒壇（大乗戒を授ける壇）を設立しようとした。中国やチベットも含めて、大乗仏教の地域でも、僧侶の出家には部派の戒（小乗戒）を用いている。大乗戒は菩薩の精神を付与するものであるが、在家者にも用いられるので、出家者用の戒としては不十分と考えられていた。最澄は、それを出家者になるための戒として用いようとしたのである。

それは破天荒なことで、南都の仏教者たちと大論争になり、最澄没後にやっと大乗戒壇が認められた。最澄がその主張を記して、天皇に奏上した文書を集めたものが『山家学生式《さんげがくしょうしき》』である。

そこでは、大乗戒の特徴として、「真俗一貫」ということが挙げられている。本来ならば、出家者と在家者を分けるのが戒であるが、最澄は逆に、真（出家者）と俗（在家者）の区別なく通用するところに、大乗の実践のあるべき姿を求めた。出家者は精神的指導によって、在家者は世俗の活動を通して、協力して人々の幸福を目指そうというのである。

最澄は出家者を、もっとも優れていて国家的な指導を行う「国宝《こくほう》」と、各地に派遣して、地域の指導者となる「国師《こくし》」や「国用《こくゆう》」に分ける。国師・国用は国から布施を受けるが、その一部は地域の役所に寄付し、その地域の用水池の造成、荒野の開拓、橋や船の建造、植樹などに用いて、人々の役に立つようにしなければいけないとされる。

どこまでも、利他の精神で、人々の幸福を第一に考えなければ、大乗といえないというのである。そのような指導者たる出家者は、しっかりした修行を積んでいなければならず、比叡山に十二年間籠もってひたすら厳しい修行を行い、初めて一人前として世に出ることが認められた。

このように、最澄の大乗戒の主張は、大乗の菩薩精神を高い理想として掲げ、仏教が僧院に閉じ籠もるのではなく、社会に開かれた仏教でなければならないことを主張している。まさしく、仏教者の社会参加を積極的に推し進めるものといってよい。

その点で画期的なものであるが、他方、出家者と在家者の区別を曖昧《あいまい》にし、出家者の世俗化による堕落を惹《ひ》き起こすもととももなった。その点も含め、日本の仏教をアジアの他地域の仏教とまったく異なるものにした、その出発点が最澄だったのである。

＊安藤俊雄・薗田香融／校注『日本思想大系　最澄』岩波書店、一九七四年
＊福永光司／編『日本の名著　最澄・空海』中央公論社、一九七七年

最澄 〔天平神護二（七六六）年―弘仁十三（八二二）年〕

日本天台宗の開祖。近江国古市郷（滋賀県大津市）に生まれる（生年は七六七年とも）。十五歳で菩薩戒、二十歳で具足戒を受けて正式に僧になるが、比叡山で山林修行に入る。三十九歳、唐の天台山に求法し、翌年帰国。五十三歳から翌年にかけ『山家学生式』を著し、大乗戒壇の設立を求めて南部の僧綱と争った。五十七歳、比叡山で没。

法《ほう》然《ねん》『選《せん》択《ちゃく》本《ほん》願《がん》念《ねん》仏《ぶつ》集《しゅう》』

念仏か否か、過激な二者択一

仏道や生活のすべては称名念仏に帰するとした法然の主著。書名は「あらゆる人を救うために阿弥陀仏が選択した本願の念仏の書」を意味している。

念仏はこれ勝、余行はこれ劣なり。ゆゑいかんとならば、名号《みょうごう》はこれ万徳《まんとく》の帰する所なり。然《しか》れば則《すなわ》ち、弥陀一仏の所有《しょう》の四智《しち》・三身《さんじん》・十力《じゅうりき》・四無畏《しむい》等の一切の内証《ないしょう》の功徳《くどく》、相好《そうごう》・光明《こうみょう》・説法《せっぽう》・利生《りしょう》等の一切の外用《げゆう》の功徳、皆悉く阿弥陀仏の名号の中に摂在《しょうざい》せり。

念仏は勝れた行、余行は劣った行である。なぜかというと、名号はあらゆる徳が帰入しているからである。それゆえ、阿弥陀仏一仏が持っている四智・三身・十力・四無畏などのすべての内面の悟りの功徳と、身体的特徴・光明・説法・衆生利益などのすべての外的なはたらきの功徳が、すべて阿弥陀仏の名号の中に籠められている。

京都に住んでいろいろな仏教行事を見るようになり、なるほどと納得のいくことが多い。その一つとして、念仏といってもいろいろあることが分かる。

歳末に六波羅蜜寺で行われる踊躍《ゆやく》念仏は、平安時代の空也《くうや》に由来するとされるが、不思議な身体動作を伴い、唱える文句も普通の念仏と異なる。もともとの念仏の持つ鎮魂性や呪術《じゅじゅつ》性をよく示している。六斎《ろくさい》念仏の興行もいろいろな寺院でなされるが、念仏とはいっても、芸能化した要素が大きく、庶民の娯楽となっている。

これらの念仏は、浄土宗や浄土真宗以外の、天台宗や真言律宗などでも盛んであり、多様な念仏の形態が見られて、仏教文化の奥深さが知られる。念仏は阿弥陀《あみだ》仏信仰と結びつくばかりでなく、釈迦信仰と結びつけば釈迦念仏、弥勒《みろく》信仰と結びつけば弥勒念仏となる。

今日、念仏というと、「南無阿弥陀仏」と称《とな》える、いわゆる称名《しょうみょう》念仏（口称《くしょう》念仏）のことだと理解されるのが普通である。しかし、そもそも念仏の原義は文字通り仏を思念することであり、そこから観想念仏といわれるように、仏の姿をビジュアルに思い描く観仏という方法も発達した。称名念仏はその便法として用いられたものである。そこに言葉の呪力への信仰が加わり、滅罪や悪霊祓《ばら》いのはたらきをも持つと考えられた。

念仏といえば「南無阿弥陀仏」と称える称名念仏だという念仏観を一般化させたのは、法然である。阿弥陀仏への帰依を表し、称えることで極楽浄土に往生できるとされるその教えはきわめて明快で、戦乱で混乱した人々の心に訴え、あっという間に広まった。それはそれですばらしいことであるが、他方、念仏の多様で豊かな姿が狭められ、平板化してしまうという欠点も持っていた。

法然の主著『選択本願念仏集《せんちゃくほんがんねんぶつしゅう》』は、ある意味できわめて過激な本である。念仏を称名に固定化しただけではない。すべての仏教を聖道門《しょうどうもん》（自力修行の道）と浄土門（浄土往生の道）に分け、聖道門で悟りに至るのは困難だとして切り捨てて、浄土往生を勧める。その浄土往生の道として、最終的に称名念仏だけが選ばれる。

それが「選択」といわれる所以《ゆえん》であるが、選択するのは我々ではなく、阿弥陀仏である。阿弥陀仏が人々を救う手段として、他の行を捨てて、念仏を選択したというのである。それは、称名念仏が誰もができる簡易な行だということによる。

『選択本願念仏集』は経典を引用して、一見きわめて明快にこのことを論じている。ところがよく読むと、その論法は相当に強引である。そもそも経典には「選択」ではなく、「摂取」という包容的な語が用いられているのに、法然はあえて別の訳を探し出してきて「選択」に変え、念仏か否かという二者択一にすり替える。

考えてみれば、阿弥陀仏が容易な念仏を採用したとしても、他の行を捨てる必要はなく、複数の行法を「選択」することができたはずである。実際、経典を読むと、そのように解するほうが素直である。

従来、容易ではあるが、便法として低く見られていた称名念仏に正当性を与え、それを絶対化したことで、法然の教えは決定的な意味を持つ。それによって、念仏は出家者のみならず、世俗の人々にも広まってゆく。だがその一方で、念仏によってすべての人を救うはずだったのが、かえって念仏以外を否定する排他性を持つことになり、仏教の多様性を狭めてしまったのは皮肉なことであった。

＊大橋俊雄／校注『日本思想大系　法然・一遍』岩波書店、一九七一年
＊大橋俊雄／校注『選択本願念仏集』岩波文庫、一九九七年
＊阿満利麿／訳・解説『選択本願念仏集　法然の教え』角川ソフィア文庫、二〇〇七年

法然［長承二（一一三三）年―建暦二（一二一二）年］

法然は号、僧名は源空。浄土宗の開祖。美作国（岡山県）に生まれ、十三歳で比叡山に登る。十五歳、受戒得度。四十三歳、専修念仏の法門を開き、京都東山を拠点に広める。六十六歳、『選択本願念仏集』を著す。七十五歳、念仏が弾圧され、弟子二名が死罪、法然は四国に配流。七十九歳、京都に戻るが、翌年正月、八十歳で没。

叡《えい》尊《ぞん》『感《かん》身《じん》学《がく》正《しょう》記《き》』

戒律を重んじ世俗へ

八十五歳から翌年にかけて綴られた自伝。生涯に行った仏事・法会など、多数の事績が列記される。正式書名は『金剛仏子叡尊感身学正記』。

〔仁治三年三月〕廿五日、北山宿《きたやましゅく》の文殊《もんじゅ》供養を遂《と》げ畢《おわ》んぬ。四月三日、長谷《はせ》寺《でら》において、百四人に菩薩戒を授く。（中略）九月七日、東の獄屋において囚獄の人に沐浴《もくよく》せしむ。八日、食を与え、予、斎戒《さいかい》を授く。同日、西の獄においてい沐浴せしめ、九日、食を与え、斎戒を授く。

〔仁治三（一二四二）年三月〕二十五日、北山宿の被差別の人たちに文殊供養を行い、施しをした。四月三日、長谷寺で百四人に菩薩戒を授けた。（中略）九月七日、東の獄屋で囚人たちを沐浴させた。八日、食を与え、私が斎戒を授けた。同日、西の獄で沐浴させ、九日、食を与え、斎戒を授けた。

中世には魅力的な仏教者がたくさんいる。解脱房貞慶《じょうけい》や俊乗房重源《ちょうげん》なども大物中の大物で、二〇一二年に奈良国立博物館で特別展が開かれて注目された。ここでは少し視点を変えて、中世戒律復興運動の中心となった興正菩薩《こうしょうぼさつ》叡尊を取り上げてみよう。

日本の仏教というと、戒律否定が特徴のように言われる。今日、僧侶の肉食妻帯は日本では当然であるが、アジアの仏教国では特異なことである。肉食妻帯が公認されたのは明治五（一八七二）年であるが、それまでも実質的に戒律は弛緩《しかん》していた。厳格な戒律を伝えたのは鑑真《がんじん》であるが、すでにその頃から正式に受戒しない僧たちが多く、妻帯する僧も稀《まれ》ではなかった。

それでは、日本の仏教はひたすら戒律否定の道を突き進んだかというと、そうでもない。いつの時代も真剣に仏法の興隆を願う僧によって、度々戒律復興の運動が興され、それによって仏教は生命力を取り戻してきた。例えば栄西《ようさい》にしても、禅の請来《しょうらい》者である以上に、宋《そう》からもたらしたのは戒律復興の気運であった。

なぜ戒律がそれほど重要なのであろうか。戒律はまず教団の生活規律であり、修行のための最低限の要件である。しかし、それだけではない。戒律は釈尊から脈々と変わらずに受け継がれてきたものであり、どんなに末法になっても、戒律の継承によって釈尊に連なることができると信じられた。いわば真実の仏法を見分ける基準なのである。

叡尊は最初密教を学んだが、当時の教団で戒律が廃れていることを憂え、その復興を志した。しかし、師となるべき人がいないために、嘉禎二（一二三六）年、覚盛《かくじょう》（後の唐招提寺の復興者）ら仲間三人とともに、自分たちで誓いを立てて戒を受ける自誓《じせい》受戒《じゅかい》という方法で受戒した。三十六歳の時である。それ以後、大和の西大寺《さいだいじ》を拠点に大活躍をすることになる。

叡尊とその弟子たちの活動の特徴は、単なる戒律復興にとどまらず、菩薩の慈悲の実践として、広範に社会的救済活動を展開したところにある。殺生禁断、橋の修復や交通網の整備、病人・貧者・囚人の救済、女性教団の復活、死者の葬送など、その活動は社会のあらゆる方面にわたる。

弟子の忍性《にんしょう》は鎌倉に下り、極楽寺を拠点として、叡尊以上の活躍をして、人々の救済に努めた。こうした多方面の社会的活動によって、律宗は一時期全国規模で広まった。それは、日本における社会事業や福祉活動の歴史上でも画期的な意味を持っていた。

その詳細は、叡尊の自伝『感身学正記《かんじんがくしょうき》』に記されているが、例えば、四十二歳（一二四二年）の記事によると、北山宿（被差別者の居住地）で文殊菩薩の供養をし、長谷寺などで人々に菩薩戒を授け、さらに東西の獄舎で囚人を沐浴《もくよく》させ、食事を与えて、戒を授けている。

実をいえば、もともと戒律厳守の立場は、社会的な活動とは相いれない。戒律はあくまでも世俗社会を離れて修行に専念することを目的としている。そのため、労働や、金銭に触れることを禁じて、世俗的な活動との間に一線を引いている。しかし、叡尊の教団はそのような制約にとらわれず、積極的に世俗社会の中に進出し、経済的な活動とも関わっている。それは、戒律の力は強大であるから、一切の穢《けが》れに打ちかつと考えられたからであった。

叡尊らの活動は、政治的権力と結びついていたこと、そのためにそれまで曖昧《あいまい》であった被差別者（当時は非人と呼ばれた）の組織を固定化し、国の支配下に組み込む構造を作ったことなど、批判もされている。その批判には耳を傾けなければいけないが、仏教の社会参加が問われている今日、戒律の問題ともども改めて見直すべきところが大きい。

＊長谷川誠／編著『興正菩薩御教誡聴聞集・金剛仏子叡尊感身学正記』西大寺、一九九〇年
＊細川涼一／訳注『感身学正記1　西大寺叡尊の自伝』東洋文庫、平凡社、一九九九年

叡尊 ［建仁一（一二〇一）年—正応三（一二九〇）年］

父は興福寺の僧で奈良に生まれる。十七歳、真言宗醍醐寺で出家。三十六歳、東大寺で自誓受戒し、西大寺を拠点に戒律復興を目指して真言律宗を興す。民衆の滅罪のための斎戒会、窮民救済の布施屋の設置、蒙古襲来時には伊勢神宮・石清水八幡宮で祈禱するなど幅広く社会活動を行う。九十歳、西大寺で没。興正菩薩と諡される。弟子に忍性がいる。

夢《む》窓《そう》『夢《む》中《ちゅう》問《もん》答《どう》集《しゅう》』

仏法と世俗のあいだ

足利尊氏の弟・直義の問いに答えた問答集。仏法は政治にどう生かされるか、求道と福利、神仏の効験、修行の本分など、項目は九十三に及ぶ。

元弘以来の御罪業《ざいごう》と、其の中の御善根《ぜんこん》とをたくらべば、何《いず》れをか多しとせんや。此の間も御敵とて、亡ぼされたる人幾何《いくばく》ぞ。其の跡にのこり留まりて、浪々《ろうろう》したる妻子眷属《けんぞく》の思ひは、何《いづ》くへかまかるべき。御敵のみにあらず、御《み》方《かた》とて合戦して死したるも、皆御罪業となるべし。

元弘（一三三一）以来に（直義殿が）作られた罪業と、その間の善根を較べると、どちらが多いであろうか。その間に御敵として滅ぼされた人はどれほどいるか。その後に残されて放浪の身となった妻子や一族の思いは、どこへ向かうのであろうか。敵だけでない。味方でも合戦で亡くなれば、みな貴方の罪業となるのです。

京都の北野天満宮は好きな神社でよく訪れる。修学旅行生の人気スポットで、受験期には本殿前に行列ができる。天神様に祈ったからといって、試験に合格するわけもないことは、誰でも知っている。お参りしたのに入試に落ちたといって、神社が訴えられることもない。それでも天神様への参詣は絶えない。合理主義の世でありながら、そこには合理性で割り切れない何かがあるのであろう。

夢窓疎石《そせき》の『夢中問答集《むちゅうもんどうしゅう》』におもしろい話がある。ある老尼が清水寺にお参りして、「いやなものをなくして欲しい」と熱心に祈っている。傍らの人が、何をお祈りしているのかと問うと、「自分は枇杷《びわ》が好きだが、種が多いのがいやなので、毎年お参りして枇杷の種をなくして欲しいと祈っているが、いまだによい結果が得られない」という答えだった。

枇杷の種を祈るなど、愚かなことであると誰もが笑うであろう。だが、と夢窓は言う。「世間を見ると、仏神に参り、経や陀羅尼《だらに》を読んで、身を祈る人は、まさか無上の悟りのためではないであろう。世間の幸福や寿命を保ち、災厄を免れるためだと思われる。もしそのようなことならば、枇杷の種を祈る尼をあさはかだと思えるだろうか」

入試前に天神様にお参りする程度ならばまだしも、今でももっと欲張った現世利益《げんぜりやく》のご祈禱《きとう》が盛んだ。凡情の執着で幸福や寿命を祈っても、そんな欲望の心に仏が対応してくれるはずがない。夢窓の論法はきわめて合理的で、厳しい。

ところが、そう言いながら、夢窓の議論はここで屈折する。枇杷の種を祈るほどの愚人は、その祈りをやめても、だからといって仏神に悟りを祈るようにはならない。そうなると、仏に参詣して縁を結ぶこともなくなってしまう。そこで、このような人には清水に詣でて枇杷の種を祈りなさいとわざと勧めるのだ、というのである。現世利益が機縁となって悟りの世界に向かうのであれば、現世利益も悪いわけではない。

この二枚腰が夢窓の特徴である。夢窓は五十歳を過ぎるまで、ひたすら名利を避けて山野で厳しい修行を続けた。だが、五十一歳で後醍醐天皇から請われて南禅寺に入寺して以後の社会的活動は目ざましい。後醍醐崩御の後には足利尊氏・直義《ただよし》兄弟の精神的指導者として天龍寺の創建などを実現させた。『夢中問答集』もまた、足利直義に対する説法であり、仏法を原理として為政者の心得を説いている。

仏法に対する厳しさと、現実の世俗社会を見据えた柔軟性と。夢窓の活動はその両面のバランスの上に展開する。それは、きわめて際どく微妙で、少し手綱を緩めると、際限のない現世利益に落ち込む危険がある。それ故、同時代に禅の純粋主義を貫いた大灯国師宗峰妙超《しゅうほうみょうちょう》から批判を受け、近代になっても必ずしも評価は高くなかった。

だが、為政者を前に「此の間も御敵とて、亡ぼされたる人幾何《いくばく》ぞ。其の跡にのこり留まりて、浪々《ろうろう》したる妻子眷属の思ひは、何くへかまかるべき」と堂々と戦争批判を展開し、罪業の深さへの反省を促す態度は、決して世俗と妥協しているわけではないことを示している。

時あたかも南北朝期を転換点として、世俗社会の問題が大きく表面に出てくる。その中で、夢窓は世俗と仏法の関係を正面から問い、世俗社会を仏法の理念に従って再構築しようとした。世俗を否定するのでもなく、世俗に溺《おぼ》れるのでもなく、世俗を大きな理想へと方向付けようとしたその姿勢は、無思想の場当たり主義の横行する現代にこそ甦《よみがえ》る必要がありそうだ。

＊佐藤泰舜／校訂『夢窓国師 夢中問答』岩波文庫、一九三四年

＊川瀬一馬／校注・訳『夢中問答集』講談社学術文庫、二〇〇〇年

夢窓 [建治一（一二七五）年―観応二・正平六（一三五一）年]

夢窓は号、僧名は疎石。伊勢国（三重県）に生まれるが、一家が甲斐に移住。九歳、甲斐の天台宗平塩寺で出家。関東を中心に臨済宗の諸寺・諸師を遍歴し、京の南禅寺、鎌倉の浄智寺・円覚寺などを歴住。五十九歳のときの鎌倉幕府滅亡後は京都で活動。六十一歳、臨川寺開創。六十五歳、天龍寺開創。七十七歳、臨川寺で没。

蓮如《れんにょ》『蓮如文集《れんにょもんじゅう》』

信心と世俗の二元化

応仁の乱の頃からの戦乱の世、浄土真宗を急伸させた蓮如が手紙形式で各地の門徒に信心の心得を説いた。「御文《おふみ》」または「御文章《ごぶんしょう》」と呼ばれる。

抑《そもそも》、開山聖人《かいざんしようにん》の御一流《ごいちりゆう》には、それ信心といふことをもつて先とせられたり。その信心といふは、なにの用ぞといふに、無善造悪《むぜんぞうあく》のわれらがやうなるあさましき凡夫が、たやすく弥陀《みだ》の浄土へまいりなんずるための出立《でたち》なり。

そもそも開山聖人親鸞の流れを汲むものは、信心ということを第一とする。その信心というのは何の役に立つかというと、善がなく悪ばかり造る私どものような情けない凡夫が、たやすく阿弥陀仏の浄土に往生するための第一歩である。

京都に観光に来ると、直接東西の本願寺にお参りしなくても、ほぼ必ずそのどちらかの前を通る。JR京都駅の間近に両寺院が壮大に対峙《たいじ》しているのを見ると、京都が仏教都市であることを否応《いやおう》なく実感させられる。本願寺が東西に分かれたのは、その強大化を恐れた徳川家康の画策によるが、それほどの巨大教団に育つ基盤を作ったのが蓮如である。

今日常識化している見方では、蓮如は親鸞《しんらん》の教えを民衆に広め、やがて信仰に燃えた信者たちが、戦国大名の圧政に対して立ち上がって一向一揆《いっこういっき》を起こした、ということになろうか。しかし、蓮如が親鸞の教えに基づいていることは間違いないが、時代も問題意識も異なっているのであるから、そこに相違があるのは当然である。

蓮如が衰退していた本願寺を立て直し、興隆に導いたことは事実であるが、親鸞の門流は本願寺派だけではなく、当時、京都で大きな勢力を持っていたのは仏光寺派であり、高田派も各地に広まっていた。蓮如が出て、はじめて親鸞の教えが広まったわけではない。

また、一向一揆が民衆による反封建闘争であったというのは、かつて進歩主義的な歴史観が盛んだった頃、もてはやされた説であるが、それほど単純ではない。加賀一向一揆のもとは、高田派との対立が加賀の守護大名・富樫《とがし》家の内紛と絡んだところにあったし、その後の一揆勢力も必ずしも純粋な信仰者だけではなかったことが、最近明らかにされている。

蓮如の思想の核心は、信心のみを重視し、それによって往生が定まるのであるから、「そののちの念仏は、仏恩報謝の称名」(文明五年八月十二日の文書)とするところにある。そこから、他の親鸞門流に対して、信心を失い、坊主への付け届けだけを求める堕落した仏教だと盛んに批判し、自派の信心重視の立場を対比させるという戦略を取った。これは、今日でも新しい宗教運動が、旧来の勢力に対抗する時に取る方法と同じである。

蓮如は親鸞が持っていた複雑な要素を切り捨て、きわめて単純化した。問題を信心という内的な要素に局限化し、親鸞では連動して緊張関係にあった念仏と信心とを切り離した。信心は一回的に確定することで、その後の報謝の念仏は往生の必要条件ではなくなった。難しい理屈もなく、面倒な修行も必要ないから、誰でも信心を共有することができるようになった。

しかも、信心さえ確立していれば、あとは自由に世俗的な活動に従事でき、世俗的な領域が大きく広がることになった。こうして、中世的な人知を超えた冥《みよう》なる世界への恐れが薄れ、世俗内的な生活と結びついた新しいタイプの宗教が生まれた。

しかし、それとともに、新たな問題が生じた。文明六年二月十七日の文書で「ほかには王法をもておもてとし、内心には他力の信心をふかくたくはへて、世間の仁義をもて本とすべし」と書いているように、内心の他力の信心さえ確立していれば、表面は世俗的な「王法」に従順で、世間的な道徳に従ってかまわないとする。それ故、蓮如は一向一揆とは距離を置いて過激化を避けようとした。このことは、宗教の力が世俗にまで及ばないことを意味する。宗教的な信心によっては世俗の問題は解決されず、それはまったく異なる世俗原理に依るものとされる。

この宗教的な信心と世俗的な活動の二元化は、近代の浄土真宗でも踏襲される。世俗の問題に宗教は口を出せない。そこで、被災地でボランティア活動をしても、それは世俗的な活動であって、宗教的には意味付けられないというような問題も生じてくるのである。

＊笠原一男／校注『蓮如文集』岩波文庫、一九八五年
＊浄土真宗教学伝道研究センター／編『浄土真宗聖典』本願寺出版社、一九八八年
＊大谷暢順／著『蓮如〔御文〕読本』講談社学術文庫、二〇〇一年

蓮如 [応永二十二（一四一五）年—明応八（一四九九）年]

京都東山大谷にあった本願寺の第七世存如の子。四十三歳、本願寺第八世を継職したが、比叡山の衆徒の攻撃で大谷本願寺が破却される。五十七歳、越前吉崎（福井県あわら市）に移る。六十九歳、山科（京都市山科区）に本願寺再建。七十五歳、隠退。八十二歳、摂津石山の坊舎（後の石山本願寺）に移る。八十五歳、山科で没。

鈴木正三《すずきしょうさん》『驢鞍橋《ろあんきょう》』

仏教が支える職業倫理

七十歳から没年までの七年間、江戸で身近に暮らした弟子による鈴木正三の言行録。書名は「ロバの鞍」で愚者を意味する。法話は約四百五十項に及ぶ。

農業《のうごう》便《すなわち》仏行也。別に用心を求べからず。各も体は是《これ》仏体、心は是仏心、業は是仏業也。（中略）然間《しかるあいだ》、農業を以て業障を尽すべしと、大願力《だいがんりき》を起し、一《ひと》鍬《くわ》一鍬に南無阿弥陀仏〳〵と耕作せば、必ず仏果に至るべし。

農の仕事がそのまま仏行である。それと別に特別の心掛けを求めてはいけない。皆さん方のそれぞれの身体は仏の身体であり、心は仏の心であり、行為は仏の行為である。（中略）そうであるから、農の仕事で罪障を滅しようと大願力を起こし、一鍬一鍬に南無阿弥陀仏、南無阿弥陀仏と唱えながら耕作するならば、必ず仏の悟りに到るであろう。

江戸時代は儒教の時代と考えられがちである。朱子学が正統で、それに対抗して荻生徂徠らの古学派の運動が起こり、さらに儒教を批判する本居宣長らの国学が形成されたというのが、常識的な見方であろう。それに反して、仏教は幕府の統制下に置かれて創造性を失い、堕落したという近世仏教堕落論が広く認められていた。

今日、そのような過去の常識はまったく間違っていたことが明らかになっている。確かに仏教に対する幕府の統制は厳しく、その活動は大きく制約された。とりわけキリシタン統制の目的から、寺院と檀家《だんか》の関係を固定化させ、寺院が住民を管理するようになった寺檀《じだん》制度は、仏教が世俗権力の手先となったということで、評判が悪い。

けれども、それによって仏教は社会の隅々まで浸透し、人々の生活に大きな影響力を持つことになった。そもそも住民統制という目的だけであれば、世俗権力が直接行えばよく、仏教の力を借りるまでもない。仏教はそれだけ侮り難い力を持っていたのであり、儒教が武士階級の倫理に留まったのに対して、仏教は広く一般の民衆にまで根を下ろしていた。武士であっても、儒教式の儀礼は原則的に禁止されたので、葬祭は仏教に頼るのがふつうであった。

それでも、仏教には思想や実践面で意味のある新しいものはなかった、という批判があるかもしれない。しかし、その見方も間違っている。近世にも多くの優れた仏教者が出て、儒教や国学を先導するような活動も少なくない。

ここで取り上げる鈴木正三は、三河武士の出身で、関ヶ原の戦いや大坂の陣にも出陣したが、中年になって突如出家した。曹洞宗の僧として各地で苦行に近い修行をした後、故郷に石平山恩真寺《せきへいざんおんしんじ》を建てて定住し、晩年江戸に移った。多数の著作があるが、『驢鞍橋《ろあんきょう》』は、弟子によって筆録された晩年の語録である。

正三の禅は、自ら「二王《におう》（仁王）禅」「鯨波《ときのこえ》禅」などと言うように、武士として生死の危機に直面してきた経験に基づく勇猛さを特徴とする。その禅風も特異で興味深いが、それだけでなく、さまざまな注目される思想を展開させた。

その中でも、彼の職業倫理観はよく知られている。正三は、武士・農民・職人・商人のそれぞれの職務は天から与えられたもので、その職務を全うすることがそのまま仏行であると主張する。このことは、著書『万民徳用《ばんみんとくよう》』に詳しく論じられるが、『驢鞍橋』でも、「農業便《すなわち》仏行也。……一鍬一鍬に南無阿弥陀仏〳〵と耕作せば、必ず仏果に至るべし」と述べられている。

これは、西洋のプロテスタントにも通ずる近代的な職業倫理として高く評価されている。もっともそれに対しては、正三の説は封建的な士農工商の身分秩序を前提として、それを固定化する役割を果たしたという批判もある。確かにただちに近代的というのは無理があるが、「世法則ち仏法」として世俗的な日常生活が仏教的に意味付けられ、そこに価値が置かれるようになったことは重要である。これは中世と異なる新しい人間観であり、儒教などとも共通し、近世を特徴付けることになる。

正三はまた、寺檀制度に近い形で、仏法によって国を統治することの必要を説いている。税金を免除された寺院が何の役にも立たないのはおかしいから、住民教化《きょうけ》の役割を果たさせるべきだというのである。寺檀制度は単純に幕府の押し付けだけでなく、仏教側でもそれを求める意見のあったことが知られ、両者の思惑の一致したところに実現したと考えられる。正三は、近世という時代を再考するうえで、鍵となる思想家ということができる。

＊鈴木大拙／校訂『驢鞍橋』岩波文庫、一九四八年
＊加藤みち子／編訳『鈴木正三著作集Ⅱ』中公クラシックス、二〇一五年

鈴木正三　〔天正七（一五七九）年―明暦一（一六五五）年〕

三河の武士の家に生まれ、徳川方の戦陣に加わって旗本になるが、四十二歳で出家し曹洞宗の禅僧になり、島原の乱後の天草で布教する。仁王のような勇猛さで精進する「仁王禅」を提唱する。他方、在家尊重主義もとって士農工商の生業が仏道だとする『万民徳用』、仮名草子『因果物語』などを著した。七十七歳、江戸で没。

伊藤仁斎《いとうじんさい》『童子問《どうじもん》』

愛にもとづく人間関係

童子と師の問答形式で世の中のさまざまな問題について論じた書。私塾の古義堂では教科書として重んじられた。

仁の徳為《た》る大《だい》なり。然《しかれ》ども一言以て之を蔽《おお》ふ。曰《いわく》、愛のみ。君臣に在《あっ》ては之を義《ぎ》と謂ひ、父子《ふし》には之を親《しん》と謂《いい》、夫婦には之を別《べつ》と謂、兄弟には之を叙《じょ》と謂、朋友には之を信《しん》と謂ふ。皆愛より出づ。蓋《けだし》愛は実心《じっしん》に出《い》づ。故に此の五《いつつ》の者、愛よりして出《いづ》るときは則実為《じつたり》。

仁は徳として偉大なものである。しかしそれを一言で言えば、愛に他ならない。君臣ではこれを義と言い、父子では親と言い、夫婦では別と言い、兄弟では叙と言い、朋友では信と言う。皆愛より出ている。思うに愛は真実の心から出るものである。それ故、この五つが愛から出る時は真実である。

儒教がはたして日本にどれだけ影響を与えたのか、あるいは今日まで影響を残しているのか、なかなか確固とした答を与えにくい。仏教が今日でも日本中に多数の寺院を持ち、批判されながらも、それなりの力を持っているのに対して、儒教はそのような実践の場もなければ、僧侶に当たるような専門家もいない。儒教的な実践は東京湯島の聖堂など、ごくわずかの場で命脈を保っているに過ぎない。中国でマルクスに代わる偶像を孔子に求めたり、韓国でいまだに儒教的伝統が問題にされるのと異なり、日本では儒教の力ははるかに小さいように見える。かつて近世は儒教の時代と考えられていたが、今日では儒教だけではないことが分かってきている。

だが、儒教の影響を過小評価してもいけない。何よりも忠孝の倫理は教育勅語を通して近代まで大きな影響を与えている。その源泉を辿《たど》れば、水戸学派で形成された国体論が吉田松陰などを通して尊王攘夷の運動に流れたものである。しかし、そのような政治性を正面に掲げた儒教とは異なり、もっと生活に密着した場で儒教を生かそうとした思想家たちもいた。伊藤仁斎はその典型である。町人出身で、生涯権力に近づくことなく、私塾古義堂《こぎどう》で門人の教育に努めた。『童子問《どうじもん》』は、仁斎六十七歳の時に書かれた儒教入門書である。

仁斎の根本の態度は、日常を離れた高遠な真理などなく、真理は日常の中に生きるものでなければならないということにある。「蓋《けだし》知り難く行ひ難く高遠及ぶべからざるの説は、乃《すなわち》異端邪説にして、知り易く行ひ易く平正親切なる者は、便《すなわち》是《これ》堯《ぎょう》舜《しゅん》の道にして、孔子立教の本原、論語の宗旨なり」（上・第五章）と、「平正親切」（きちんとして身近）であることこそ、本来の聖人の道であるという。

それでは、「平正親切」なる道とは、どのようなことであろうか。それは、「君臣なり。父子《ふし》なり。夫婦なり。昆弟《こんてい》なり。朋友《ほうゆう》なり。夫《そ》れ道は一《ひと》つのみ」（上・第九章）と説明される。難しいことではない。身近な人間関係をあるべき姿にしていくことが道に他ならない。それ故、聖人の道を何か高遠のもののように説き、特別の修行を求める仏教や朱子学は間違っているとされる。

このように唯一の道がさまざまな状況に応じて、さまざまな関係のあり方を取ることになるが、その根本の道は「仁」の一字で尽くされる。では、「仁」とは何か。それは一言で言えば「愛」である。「仁は愛《あい》を主として、徳は人を愛するより大《だい》なるは莫《な》し」（上・第四〇章）。即ち、「仁」と言っても、何か高尚な心なのではない。君臣では義、父子では親、夫婦では別、兄弟では叙《じょ》と言われるような相互の関係が、真実の心から生じているのが愛である。愛とは誠実に真心から相手のためにすることである。政治もまた仁＝愛の原理に拠るのであり、「専《もっぱ》ら民と憂楽《ゆうらく》を同《おなじ》うする」（中・第二〇章）のが王者のあり方である。

「愛」は仏教においては執着の原理として否定された。それが今や世俗の倫理の根本をなすものとして原理化される。その世俗的な人間関係は決して利害に基づく対立的なものではない。相互に誠意を籠めて関係を結ぶところにはじめて成り立つ。儒教といえば、ともすれば封建道徳として一括して否定されてしまうが、その中核の思想は、いかにして他者と良好な関係を結び、理想の社会を作っていくかということにある。その点で決して過去の遺物ではないのである。

＊清水茂／校注『童子問』岩波文庫、一九七〇年
＊家永三郎他／校注『日本古典文学大系　近世思想家文集』岩波書店、一九六六年

伊藤仁斎 〔寛永四（一六二七）年―宝永二（一七〇五）年〕

江戸前期の儒学者。京都の商家の長男に生まれたが家業を弟に譲り、三十六歳のとき自宅で私塾の古義堂（京都市上京区）を開く。当時の朱子学を批判して孔子・孟子の原典に学ぶべきと説いて古義学を興し、『論語古義』『孟子古義』などを著す。『童子問』は六十五歳頃に書き始め、七十九歳の没後、子の伊藤東涯や門人が遺稿を整理・加筆して刊行した。

IV

身体への眼差し

デカルトによる「我思う、故に我あり」の発見は、近代的自我の確立を導いた。そこで理想的に抽出された「我」は、身体を離脱した純粋な理性であり、そこに心（精神）と身体の二つの原理がどう関係するかという近代の難問が生まれる。今日でも、脳科学の発展を受けて、身体的な活動もすべて脳に由来するのであるから、脳の働きが解明されれば、それで人間の問題は解決が付くかのような議論がなされることがあるが、それはどう考えてもおかしい。

それに対して、日本のみならず、アジアの思想は全体として身体的要素を重視する。インドのヨーガ、中国の気功など、身体技法が確立するのは必ずしも古いことではないが、その思想的源泉は古代からあり、そこに独自の東洋医学も形成された。日本の身体論もこのような系譜を受けている。欧米でも近年身体論的な発想は盛んになっているが、その大きな源泉はこのような東洋思想の受容に基づいている。

身体の問題は、当然のこととして性と生殖の問題を重要な要素として含み、そこからジェンダーの議論へと発展する。前近代では、女性の立場からの発想は必ずしも十分に展開しなかったが、たとえ一面的であっても、性の問題の重要性は認識されていた。しかし、それは近代になって隠蔽《いんぺい》され、排除されてきた。最近になってようやく、中世密教の性的言説や江戸春画などの見直しが始まってきたところだ。

栄《よう》西《さい》『喫《きっ》茶《さ》養《よう》生《じょう》記《き》』

身体を癒し、生を養う仏教

茶の効能や製法を述べた日本最古の茶の本。宋で禅を学び茶種を日本にもたらしたとされる栄西によって著され、源実朝に献上された。

天、万像《ばんしよう》を造るに、人を造るを貴《たつと》しとなす。人、一期《ご》を保つに、命を守るを賢しとなす。其の一期を保つの源は、養生に在り。其の養生の術を示すに、五臓を安んず可し。五臓の中、心の臓を王とせむか。心の臓を建立するの方、茶を喫する是れ妙術なり。

天が万物を造った中で、人を造るのがもっとも貴い。人が一生を過ごすのに、生命を守るのが賢明である。一生を過ごす源は養生にある。養生の術を示すと、(心・肝・肺・脾・腎の) 五臓を健全にすることである。五臓の中でも心臓が中心である。心臓を健康にするには、茶を飲むのがいちばんよい方法である。

鎌倉仏教というと、長い間、親鸞や道元がその典型と考えられ、日本仏教の最高峰として賛美された。彼らに代表される新しい仏教は鎌倉新仏教と呼ばれ、民衆的で革新的であり、それに対する伝統的な仏教は旧仏教と呼ばれ、新仏教を抑圧する頑迷な保守勢力と考えられた。その見方では、栄西は新しい禅を説いてはいるが、密教などの古い要素を含み、不徹底だとして評価が低かった。

この見方は今日大きく変わってきた。とりわけ密教の重要性が認識され、近年、その方面で新しい研究が続々と成果を上げている。栄西についても多くの新資料が発見され、注目を浴びつつある。

栄西の自筆消息が名古屋の大須観音真福寺から多数見つかったことは、二〇〇三年の冬に大きなニュースとなったが、それだけではなく、真福寺からは栄西の未発見の著作やその断簡もいくつも見いだされた。僕自身、その発見や研究のお手伝いをして、仏教史が塗り替えられる興奮を味わった。

栄西は、一一六八年と八七～九一年に二回入宋《にっそう》したが、今回の調査で発見された著作はすべて二回目の入宋の前に北九州で活動していた頃のもので、内容的には純粋に密教的である。栄西は二回目の入宋で天台山万年寺の虚庵懐敞《こあんえじょう》に出会い、臨済宗黄《おう》龍《りょう》派の禅を受けて帰国後、『興禅護国論』を著し、禅宗の独立を宣言したとされる。

しかし、この通説は必ずしも適切でない。

確かに栄西は宋から新しい禅を伝えたが、それを独立のものとして宗派化する意図はなく、むしろ帰国後は総合的な日本の仏教全体の刷新と中興を目指したと見るべきである。栄西は、東大寺大勧進職として、源平合戦で荒廃した南都の復興の中心ともなっている。

栄西は宋から禅とともに茶を伝えたといわれ、日本の茶祖とされる。喫茶を勧める『喫茶養生記』は晩年の著作であり、日本の喫茶文化に大きな影響を与えた。純粋な仏教とはいえない喫茶の普及に、なぜそれほど力を注いだのであろうか。

本書の最初には、密教医学的な立場から五臓（肝・肺・心・脾・腎）について論じ、茶の薬効を述べている。ここには人間の身体への深い関心が見られる。身体への関心は、二回目の入宋前の密教の著作『隠語集《いんごしゅう》』にも見られる。ここでは、金剛界と胎蔵界の両部の曼荼羅《まんだら》の合一を説明するのに、男女の性的合一の愉楽を喩《たと》えとしている。性的な要素を仏教の中に持ち込むのは立川《たちかわ》流と呼ばれ、今日では怪しげな邪教として糾弾される。しかし、この時代には、そのような動向はかなり広く見られ、異端といえないことが、最近の研究で明らかになっている。そのおもとには身体への関心があり、この時代には胎生学の理論も発達した。

喫茶を「養生」という観点から見るのも、このような身体の重視と結びつく。本書では、喫茶を離れて病気の種類と治療法についても論じている。「生を養う」というのは、一見、生を離脱して悟りを求める仏教の目指す方向と異なっているように思われる。しかし、仏教を現実離脱でなく、現実の生活の場の中で本当に生きるものと考えるならば、身体の問題が重視されるのはむしろ当然である。

仏教は心だけでなく、身体を含む生活文化全体に関わるものである。喫茶は仏教と関係しながら発展する。栄西における密教と禅との総合は仏教の幅を広げ、日本の文化を豊かにする道を開いたものということができる。

＊古田紹欽／全訳注『栄西　喫茶養生記』講談社学術文庫、二〇〇〇年

栄西 [永治二（一一四一）年—建保三（一二一五）年]

「えいさい」とも。号は明庵。臨済宗の祖師。備中国（岡山県）に生まれ、十四歳、比叡山で出家。二十八歳、入宋。四十七歳、再び入宋して四年間滞在し、臨済禅を受けて帰国。五十八歳、『興禅護国論』を著す。六十歳、鎌倉に寿福寺開創。六十二歳、京都に建仁寺開創。六十六歳、東大寺大勧進職。七十四歳、『喫茶養生記』を源実朝に献上。七十五歳、没。

明《みょう》恵《え》『夢《ゆめの》記《き》』

世俗の欲望で世俗を超える

真言密教と華厳教学を学んだのち、世俗を避け高山寺で半生を送った明恵。十代から四十年にわたって書き綴られた夢の記録を遺した。

同十一月六日の夜、夢に云はく、(中略)一屋の中に端厳《たんげん》なる美女有り。衣服等奇妙也。而るに、世間之欲相に非ず。予、此の貴女と一処に在り。無情に此の貴女を捨つ。此の女、予を親しみて遠離《おんり》せざらむ事を欲す。予之を捨てて去る。更に世間之欲相に非ざる也。

同十一月六日の夜、夢に見た。(中略)建物の中に威厳ある美女がいた。衣服などはすばらしかった。しかし、世俗的な欲望の姿ではなかった。私はこの貴女と一緒にいたが、無情にもこの貴女を捨てた。この女は私に親しんで、離れたがらなかった。私は彼女を捨てて去った。まったく世俗的な欲望の姿ではなかった。

栂尾高山寺《とがのおこうざんじ》は京都北西の山中にある古刹《こさつ》だ。世界遺産に登録され、紅葉の季節は観光客で溢《あふ》れるが、ふだんは市中の喧騒《けんそう》から離れ、ひっそりと木立の中に埋もれている。

高山寺に所蔵される膨大な仏典資料の調査団に加えていただいてから二十年以上になる。毎年二、三回、お寺に泊まり込んで、中世の資料を広げていくと、数百年も昔の世界がそのまままたち現れ、歴史の深みに分け入る喜びと安らぎに心が満たされる。

その高山寺を事実上開創したのが明恵である。明恵は、法然の没後出版された『選《せん》択本願念仏集《ちゃくほんがんねんぶつしゅう》』を見て、強引な解釈に憤り、『摧邪輪《ざいじゃりん》』を著して批判したことで知られる。華厳の学僧で、ひたむきな修行に明け暮れた明恵にとって、悟りを求める心（菩提心《ぼだいしん》）こそもっとも重要なものであった。法然は極楽往生のためには菩提心も必要ないと説いたのであるから、明恵が怒るのも無理はない。

明恵は仏への信仰があつい人であった。釈迦の生まれたインドに渡航しようとして、春日明神の託宣で取りやめたこともあった。晩年に実践した仏光観《ぶっこうかん》（仏光三昧観）は、仏の足下から出る光を心に思い描き、その光に一体化していくものである。仏をひたすら恋い、仏に出会い、仏と同じ悟りの境地に至りたいというのが、一途《いちず》の願いであった。

明恵はしばしば、その思いを世俗の恋に喩《たと》えている。男女の恋でもひたすら恋い焦がれ、一体となった時には喜びが極まるものだ。まして仏を愛する心は世間の男女の愛の比ではない。その思いこそ菩提心に他ならないというのである。喩えはきわめてリアルで切実で、一生不犯《ふぼん》といわれる明恵の心にみなぎる情熱に圧倒される。

明恵はまた、見た夢をいちいち記録に残した『夢記《ゆめのき》』でも知られる。夢は現代では抑圧された無意識の表現などと解釈されるが、もともとはこの世界を超えた神仏の顕現する通路として重要なものであった。明恵と同い年の親鸞も、六角堂に参籠して、夢のお告げにもとづいて人生の最大の転機を決断している。

それにしても、明恵ほど几帳面《きちようめん》に夢を記した人は他にいない。その夢の多くは仏に関するもので、夢が仏に近づくための確かな手立てとみなされていたことが知られる。

その夢の中には、性的な生々しさを伴うものもある。若い頃の夢に、端麗な美女が出てきた。明恵はその美女と一緒にいたが、無情にも彼女を捨てた。しかし、彼女は明恵に親しんで離れようとしない。それを無理に捨てて去ったというのである。その記述の中に、二度も「世間之欲相に非ず」と言い訳がましく注記しているのは、かえって「世間之欲相」と紙一重のきわどさを感じさせる。その夢解きをして、「女は毘《び》盧《る》舎那《しやな》（仏）なり」と結論し、起き出して夜中に禅堂で坐禅を組んでいる。

栄西もそうだが、この時代、身体的なものや性的なものが、大胆に仏教の中に導入された。明恵が仏光観とともに晩年熱心に行った五秘密法は、金剛薩埵《さった》と欲（欲望）・触《そく》（接触）・愛（愛着）・慢（慢心）という、欲望とその充足を説く四菩薩を対象とする修法である。そこには、世俗的な欲望を使って世俗を超えようという力強さがうかがわれる。生身の身体をもって「冥」の世界に歩み入るのである。親鸞が結婚に踏み込んだのも、このような時代状況による。

世俗と仏の世界の間を行き来する彼らの強烈なエネルギーは、近代になって失われた。中世は、僕たちが忘れてしまった大事なことを豊かに持った時代であった。

＊久保田淳・山口明穂／校注『明恵上人集』岩波文庫、二〇〇二年
＊奥田勲・平野多恵・前川健一／編『明恵上人夢記 訳注』勉誠出版、二〇一五年

明恵 〔承安三（一一七三）年―寛喜四（一二三二）年〕

明恵は号、僧名は高弁。華厳宗中興の祖とされる僧。武士の平重国の子として紀伊国（和歌山県）に生まれ、九歳のとき高雄・神護寺に入る。十六歳、具足戒受戒。二十一歳、遁世し、のち紀伊の白上峰に庵居。三十四歳、後鳥羽上皇から栂尾を下賜され高山寺を再興。四十歳、『摧邪輪』を著す。六十歳、高山寺で没。

聖《しょう》戒《かい》『一《いっ》遍《ぺん》聖《ひじり》絵《え》』

冥の世界のエネルギー

一遍の没後十年、直弟子の聖戒が師の遊行の跡をたどって作りあげた絵伝。和歌や法語などは、別途『一遍上人語録』としてまとめられている。

聖の常の教誡には、「もの丶おぼえぬものは、天魔心にて変化に心をうつして、真の仏法をば信ぜぬなり、なにも詮《せん》なし。たゞ南無阿弥陀仏なり」とぞ侍りし。まことに、彼瑞花も紫雲も出離の詮にはた丶ぬ事をあらはして、まことの時は見えざりき。

一遍聖人の常のお教えには、「ものの道理も分からない人は、天魔に憑かれた心で、化け物に心をとらわれて真の仏法を信じないのだ。何の役にも立たない、ただ南無阿弥陀仏だけだ」と仰った。まことに臨終の際の瑞花《ずいか》も紫雲《しうん》も往生のためには役立たないということを現に表して、臨終のときには現れなかった。

日本はかつて農業国であり、人口の大多数は農民であった。農民は一定の土地に定着して耕作するので、土地を所有する領主が大きな権力を持つことになった。それに対して、歴史家の網野善彦は、中世を見る際に「非農業民」に注目した。「非農業民」は、一方で漁業や狩猟・採集など、農業より古くからある営みを続けている人たちを含むと同時に、他方で商業や工業など新しい産業に従事したり、宗教や芸能活動を行ったりする人たちをも含んでいる。必ずしも農民のように土地に縛られないので、流動性が大きく、定着的な農民の周縁にいて、社会の固定化を防ぎ活性化する役割を果たした。

このような流動性は、宗教の面にも表れた。平家の焼き打ちで南都の寺院が壊滅状態に陥った時、復興に立ち上がったのが勧進僧《かんじんそう》たちで、諸国を募金して回り、仏教再興の気運を盛り上げた。彼らの力で仏教は各地に広まり、新しい文化創造の力となった。歌人として知られる西行《さいぎょう》も、勧進僧の一人である。

鎌倉時代後期、十三世紀後半になると、流動する宗教者はまた異なった形態を取るようになる。一遍の活動はその典型であり、一所不住で遊行して諸国を巡り、各地で念仏の興行をした。絵と詞書で生涯を紹介する『一遍聖絵』を見ると、その興行の様子が生き生きと描かれている。

屋根を張り、高い床まで作った仮屋で、念仏僧たちが鉦《かね》や太鼓を叩きながら踊り回るのを、周囲に人々が集まって見物している。これはほとんど見世物であり、念仏が娯楽化していく様子が知られる。こうして人々を集め、賦算《ふさん》（お札配り）を通して念仏の布教を図った。

一遍の踊り念仏は空也に由来するとされるが、集団的な念仏のネットワークの構築は院政期の良忍《りょうにん》の融通念仏の流れをも汲んでいる。教学的には、法然門流の西山《せいざん》派を受けた。多面的な念仏の流れを集約しているが、『聖絵』の詞書によれば、亡くなる前に「一代聖教みなつきて、南無阿弥陀仏になりはてぬ」と、所持していた聖教をすべて焼き捨ててしまったという。それ故、その思想をうかがうよすがは少ない。

というよりも、基本的に言葉による教理の構築を拒否したところにその活動が成り立っている。その点で、不立文字《ふりゅうもんじ》を唱えた禅ときわめて近い。一遍が法灯《ほっとう》国師心地覚心《しんちかくしん》のもとに参禅して印可を受けたという話は、史実性が疑われているが、禅者との交流があり、近似したところがあったのは事実である。

それならば、教理を否定した念仏とは何だったのだろうか。口に念仏を唱えるという営みは、踊りという身体的な活動を伴うことで、「仏も衆生もひとつにて南無阿弥陀仏とぞ申《もうす》べき」（「別願和讃」）という境地に達する。そこではもはや瑞花も紫雲も必要ない。

それは一種のエクスタシー状態であるが、憑依《ひょうい》現象と同じで、いわば「顕《けん》」なる表の世界に、「冥《みょう》」なる見えざる世界が顕現するのである。身体は冥なる世界が顕現する場として開放される。禅における悟りも、基本的には同じである。『聖絵』に描かれた一遍の色黒で異形の姿は、すでに異世界性を体現する。

一遍の遊行は、どこでもよいのではなく、熊野を起点として、神仏の霊地を巡り歩く旅であり、その点で巡礼にも近い。霊地は冥なる神仏が顕現する場である。そこで念仏を踊ることで、冥なる世界との交感はさらに深められる。

ここには、今日の僕たちに欠落した冥の世界のエネルギーが満ちている。それが中世の最大の魅力である。時宗が近世になって禁じられ、衰退するのは、時代の変遷をよく示している。

＊大橋俊雄／校注『日本思想大系　法然・一遍』岩波書店、一九七一年
＊小松茂美／編『日本の絵巻　一遍上人絵伝』中央公論社、一九八八年
＊大橋俊雄／校注『一遍聖絵』岩波文庫、二〇〇〇年

一遍 〔延応一（一二三九）年—正応二（一二八九）年〕

一遍は号、僧名は智真。時宗の開祖。伊予国（愛媛県）の豪族、河野氏に生まれ、十歳で天台宗継教寺で出家。十三歳、大宰府の聖達（法然の孫弟子）に入門。二十五歳、還俗して家督を継ぐが、数年後に再出家。三十六歳、四天王寺をへて高野山、熊野に詣で、念仏札配り（賦算）の旅を開始。五十一歳、摂津の観音堂（兵庫県神戸市）で没。

世阿弥《ぜあみ》『風姿花伝《ふうしかでん》』

権力と民衆を結ぶ身体

能の由来や心得を伝えるため著された芸道論。「秘すれば花」など能の心が花にたとえられ、『花伝書』ともよばれる。

そもそも芸能とは、諸人《しょにん》の心を和《やわ》らげて、上下の感をなさんこと、寿福増《じゅふくぞう》長《ちょう》の基《もとい》、遐齢延年《かれいえんねん》の方《ほう》なるべし。窮め窮めては、諸道ことごとく寿福延長ならんとなり。ことさらこの芸、位を窮めて家名《かめい》を残すこと、これ天下《てんか》の許されなり。これ寿福増長なり。

そもそも芸能というのは、人々の心を和らげて、身分の上下にかかわらず感動させ、寿命や福徳を増す基になり、寿命を延ばす方法である。究め尽せば、どんな道もすべて寿命や福徳を増すことであるが、ことにこの猿楽能の芸は、最高の芸の位に達し、家名を残すことは、天下に認められたことであり、寿命と福徳を増すものである。

大学の教養課程でたまたま能の専門家の小山弘志先生のゼミに入り、謡曲を読んだ。勧められて、よく分からないながら、時折能を観るようになった。歌舞伎も好きだが、いきなり異次元の世界に誘い込まれるような能には、不思議な魅力がある。もっとも、正直を言って退屈することも多いが。

もともと滑稽な物まねを主とした大衆芸能ともいうべき猿楽《さるがく》は、観阿弥《かんあみ》・世阿弥親子が将軍義満《よしみつ》の庇護を受けることで、一挙に上流階級向けの貴族趣味的な能へと転化し、そこに「幽玄」の美学が形成された。だが実を言うと、世阿弥の魅力は小難しい理屈で武装された「芸術」となり切らず、観客の人気に依存した芸人稼業であり続けなければならなかったところにある。世阿弥の芸道論は、一方で時の権力者やお偉方のお気に入りとなりながら、他方でもともとの卑俗で猥雑《わいざつ》な民衆の世界と縁を切れず、両方の人気をいかにして両立させていくかという、綱渡り的な緊張状態をとことん追求したところに成り立つ。

そもそも芸能に貴賤はない。「芸能とは、諸人の心を和らげて、上下の感をなさんこと、寿福増長《じゅふくぞうちょう》の基《もとい》、遐齢延年《かれいえんねん》の方なるべし」（『風姿花伝』巻五）と言われるように、「上下」の誰に対しても同じ感動を呼び起こさなければならない。芸能は身分を超えて、あらゆる人に平等に開かれる。だから、「貴所・山寺・田舎・遠国・諸社の祭礼にいたるまで、おしなべてそしりを得ざらんを、寿福達人のシテとは申すべきや」（同）と、貴所から田舎まで、どんなところでもダメ出しをされないのが、本当の立役者である。「亡父（＝観阿弥）は、いかなる田舎・山里の片辺《かたほとり》にても、その心を受けて、所の風儀を一大事にかけて、芸をせしなり」（同）という観阿弥の姿勢こそ、能の真髄である。どんな田舎でも山里でも力を抜いてはならない。

『風姿花伝《ふうしかでん》』を読む時、この観点を忘れてはならない。巻一の「年来稽古条々」は、年齢ごとに芸のあり方を論じていて、人生訓にも通ずるために広く読まれている。しかし、それは高邁《こうまい》で孤独な「芸道」を追求する求道者のあり方というよりは、一生浮き草的な人気商売の頂点を維持して、体を張らなければならない芸能タレントの心得として読まれるべきものだ。

このことを念頭に置くと、巻四に述べられた能の起源論も興味深い。世阿弥は能の起源を日本とインドの両方に見る。日本における起源は、天の岩戸の前でのアマノウズメの踊りに求められる。「榊《さかき》の枝に幣《しで》をつけて、声をあげ、火処焼《ほどろや》き、踏みとどろかし、神憑《がか》りすと、歌ひ舞ひ奏で給ふ」という猥雑で滑稽な舞は、同時に神事としての神聖さを持つ。

もう一つのインド起源は、釈迦が説法しようとした時、外道たちに邪魔されてできなかったので、仏弟子たちが後戸《うしろど》で物まねをして外道たちの目をそらせ、その間に無事に釈迦が説法したというのである。こんな話は経典には見えない。後戸というのは、本尊の背後の出入り口で、そこに神を祀った儀礼が芸能の起源となったとされる。それが釈迦当時の事績に帰せられたわけだが、謹厳な仏弟子たちが滑稽な物まねをしているというのは、想像するだけでおかしい。

この二つの起源譚は、聖徳太子時代の秦河勝《はたのかわかつ》によって結び付けられるという。秦氏は秦始皇帝の子孫ともされ、こうして外来性と土着性が一体化する。高貴と卑賤、猥雑と神聖、滑稽と厳粛、土着と外来等々、さまざまな両義性が結びつく中に古典芸能が成り立つのである。

＊野上豊一郎・西尾実／校訂『風姿花伝』岩波文庫、一九五八年
＊竹本幹夫／訳注『風姿花伝・三道　現代語訳付き』角川ソフィア文庫、二〇〇九年
＊市村宏／全訳注『風姿花伝』講談社学術文庫、二〇一一年

世阿弥 〔貞治二・正平十八（一三六三）年?―嘉吉三（一四四三）年?〕

室町時代の能楽師・作者。春日神社などに芸能を奉納する大和猿楽から出て観世座（観世流）を興した観阿弥の子。十二歳の頃、父と京都で行った興行が三代将軍足利義満に認められ隆盛。三十八歳頃、観世流秘伝の伝書として『風姿花伝』を著す。六代義教の代には弾圧され、七十二歳の頃、佐渡に流刑。のち赦免され娘の家で没したともいう。

一《いっ》休《きゅう》『狂《きょう》雲《うん》集《しゅう》』

形式主義をぶち抜く禅

一休の漢詩を集めた書で、書名は号「狂雲子」による。自身の肖像につけた自賛、折々の行動や思いを詠んだ詩が多く、日誌的な性格をもつ。

風狂《ふうきょう》の狂客《きょうきゃく》　狂風を起す
来往す　婬坊《いんぼう》　酒肆《しゅし》の中
具眼《ぐげん》の衲僧《のうそう》　誰か一拶《いっさつ》
南を画《かく》し北を画し　西東を画す

狂いっぱなしの狂客が狂った旋風を巻き起こす
女郎屋と酒屋を往ったり来たり
力量のある禅坊主でも誰が一突きできようか
東西南北　どう枠付けしても捕まらない

一休さんと言えば、マンガやアニメの定番として今でも人気がある。大きな頭の愛敬《あいきょう》のある小坊主で、「このはし（橋）渡るべからず」という立て札を見て、はし（端）ではなく真ん中を渡り、とんちで大人をやり込める爽快さは、いつの世にも受けるものらしい。

こうした逸話を集めた『一休咄《ばなし》』は江戸時代初期のもので、もちろん実際の一休とは関係ないが、一休自身も奇行で知られた反骨僧であった。もっともそれは子供向けバージョンとは正反対で、その詩集『狂雲集』はふつうの禅僧の詩偈《しいげ》集とは趣を異にして、「狂」「魔」「婬《いん》」「酒肉」など、どぎつい生の言葉が溢《あふ》れている。そこに、きれいごとの仮面を剝《は》ぎ取った人間の裏側のむき出しの欲望や死の世界が露呈する。

圧巻は何といっても、盲目の女性森侍者《しんじしゃ》（森女）との狂おしい性愛を歌った巻末の十余首であろう。詩のタイトルそのものが、「美人の婬水を吸う」「婬水」「美人の陰、水仙花の香有り」という具合に露骨で、どぎつい。例えば「婬水」という詩は「夢に上苑《じょうえん》美人の森に迷うて、枕上《ちんじょう》の梅花、花信《かしん》の心。満口の清香、清浅の水、黄昏《こうこん》の月色、新吟を奈《いかん》」と、梅の香に喩《たと》え賛美している。

森女《しんじょ》とは文明二（一四七〇）年に住吉薬師堂で会い、翌年情を交わす。一休七十八歳のときである。情愛に溺《おぼ》れるあまり苦しく、断食自殺さえ思う。『狂雲集』の最後は、「木稠《ゆら》ぎ葉落ちて、更に春を回す、緑を長じ花を生じて、旧約新たなり。森也が深恩、若し忘却せば、無量億劫、畜生の身」という詩で終わっている。生命の再生を喜ぶとともに、森女への感謝を忘れたら未来永劫《えいごう》畜生だと、その恩の深さを詠っている。

これだけ見ると、瘋癲《ふうてん》老人の身勝手な性愛日記のようだが、じつは文明六（一四七四）年に一休は大徳寺の住職を拝命し、引き受けている。もっとも一日だけで辞任したが、その後も応仁の乱で荒廃した大徳寺の復興に尽力し、再建を果たしている。晩年に住んだ薪《たきぎ》の酬恩庵《しゅうおんあん》（今の一休寺、京都府京田辺市）には、連歌師宗長《そうちょう》、茶人村《むら》田《た》珠光《じゅこう》、俳諧師山崎宗鑑《やまざきそうかん》ら、芸能文化の最先端を担う錚々《そうそう》たるメンバーが集まり、一休は彼らの精神的支柱となる。八十歳を超えても精力的な活動は衰えない。

このような晩年の社会的活動と、森女との老いらくの恋への溺れこみはあまりに落差が大きく、それ故、後者を文学的フィクションと見る向きもある。だが、事実かどうかを問うのは、あまり意味がない。一休の世界は、その両極端を包みこみ、しかもその両面は、決してジキルとハイドのように二重人格的に断絶しているのではない。一休は、師の華叟宗曇《かそうそうどん》の厳しい教えを受け、乱れた当時の禅宗の中で、自分こそが唯一正統を継承しているという強い自負を持っていた。「自賛」詩で「三十年来、肩《けん》上《じょう》重し、一人荷担《かたん》す、松源の禅」と歌うように、ただ一人肩に背負った責任は重い。

そこから、華叟の後継者養叟《ようそう》の禅を、ただ表面だけ整って内実のないものと激しく憎悪罵倒し、逆に形式を逸脱した世界に没入する。

「他日、君来って如《も》し我を問わば、魚行《ぎよこう》、酒肆《しゆし》、又た婬坊《いんぼう》」(「如意庵退院、養叟和尚に寄す」詩)と詠うように、偽悪的にまで酒と女の破戒の世界に溺れこむ。つじつまの合った合理性ではなく、それをはみ出す暗い負の世界に沈潜し、地獄の底まで射通すことこそ禅の真髄だ。それは、戒律、そしてありきたりの禅の概念をもぶち抜く。森女との性愛の世界への沈溺《ちんでき》は、まさしく彼が到達した究極の禅の世界だったのだ。

＊柳田聖山／訳『狂雲集』中公クラシックス、二〇〇一年
＊石井恭二／訳『一休和尚大全』上・下、河出書房新社、二〇〇八年

一休 〔明徳五（一三九四）年―文明十三（一四八一）年〕

一休は号、僧名は宗純。京の民家に生まれたが、後小松天皇の落胤といわれる。六歳で京都安国寺に入り、諸師に歴参後、二十二歳で大徳寺の高僧・華叟宗曇に入門。四十七歳、大徳寺如意庵の住持になるが風狂を好み退院。六十三歳、山城薪（京都府京田辺市）の酬恩庵（一休寺）に移り、八十八歳、同庵で没。

白《はく》隠《いん》『夜《や》船《せん》閑《かん》話《な》』

現世的な身体への眼差し

「激しい修行のために身心を病む弟子がいる。自分もそうだったが、内観の秘法によって快復した」と述べ、その法を具体的に著した書物。

若し此秘要《ひよう》を修《しゅ》せんと欲せば、且らく工夫《くふう》を放下《ほうげ》し話頭《わとう》を拈放《ねんぼう》して、先須《まずすべか》らく熟睡一覚すべし。其《その》未だ睡りにつかず、眼《まなこ》を合《がっ》せざる以前に向《むか》って、長く両《りょう》脚《きゃく》を展《の》べ、強く踏みそろへ、一身の元気をして臍輪気海《ざいりんきかい》、丹田腰脚《たんでんようきゃく》、足心《そくしん》の間に充《み》たしめ、時々《じじ》に此観《このかん》を成すべし。

もしこの秘要を修行しようというのであれば、しばらく参禅をやめ公案から離れ、まず熟睡して目覚めなさい。まだ眠りに入らず、瞼を合わせない前に、長く両脚を伸ばし、強く踏みそろえ、体中の気を臍下の下腹部、腰・脚、土踏まずに集め、その時に応じて、この丹田こそが自己の根本であると心を集中しなさい。

二〇一三年二月に、東京渋谷のBunkamuraザ・ミュージアムで開催された白隠展を参観した。白隠の禅画はよく目にするが、所詮《しょせん》シロウトの手すさびと思っていた。ところが、展覧会を見て驚いた。巨大な画面に大胆だがしっかりした構図をもって力強く描きこまれ、鮮やかな色使いが効果的だ。

画面の隅に至るまで神経が行き届き、単なるユーモアでなく、厳しい社会批判と風刺に裏打ちされている。通常の禅画や文人画という枠にも収まらず、プロの画家の仕事という範疇《はんちゅう》も超えている。常識の枠組みを打ち破って、意表をつく新しい世界が迫力をもって迫る。それがほとんど六十歳以後の晩年の作品だということにまた驚く。改めてこの近世の巨人に脱帽するとともに、これまであまりに不当に軽視されてきたことを、研究者として反省させられる。

白隠は近世禅の復興者として知られるが、その活動は駿河《するが》を中心にして、京都の本山との関わりは薄い。それにもかかわらず、白隠の確立した禅の修行法は、その後の日本の臨済宗の修行法として採用され、今日に至るまで臨済宗の禅はすべて白隠の方法に従っている。それほど大きな影響力はどこから来ているのであろうか。

中世に中国から渡ってきた禅は、公案《こうあん》によって修行する方法を採っていた。公案というのは、古人の言動を問題として与え、それを体得することによって古人と同じ悟りに達しようというものである。白隠はそれを体系付け、道筋を明確化するとともに、禅の世界を分かりやすい言葉で表現し、身近なものとした。

白隠の「坐禅和讃《ざぜんわさん》」は今日でもよく読誦される。「衆生本来仏なり」で始まり、外に遠く悟りの世界を求めるのではなく、自らの本性をしっかりと把握すれば、そのまそれが仏であり、浄土であると説いている。それは、ある意味では仏教で古くからいわれてきたことではあるが、抽象論ではなく、身体の修練を通して具体化したところに白隠の特徴がある。

白隠の著作で、もっともよく読まれているのは『夜船閑話《やせんかんな》』である。これは坐禅法ではなく、内観の法を説いている。白隠は若い頃、坐禅に行き詰まり、身体に変調を来したが、その時、京都白川の洞窟に住む白幽《はくゆう》先生という仙人から教えられたのがこの内観の法であるという。

白幽先生は実在の人物であるが、白隠が訪れたという前年に亡くなっている。明らかに事実のはずはないが、白隠はそれを他書でも繰り返して述べており、事実ともフィクションとも言い難い不思議な話を展開している。

そこで説かれる内観の法とは道教と仏教を織り交ぜた養生法であり、健康術である。もっとも力を入れて説いているのは、酥《そ》（牛乳を凝縮させたバター状のもの）が身体の上部から次第に下部に行き渡り、身体を温めていくのを思い描くという、一種のイメージトレーニングである。『夜船閑話』では、この内観の法が坐禅とは別のものとして説かれているが、実際には精神集中の技法としてそれほどかけ離れたものではなく、他の著書では坐禅と結び付けられている。禅法の一つの工夫と見るべきであろう。

中世にも栄西の『喫茶養生記』のように、仏教と養生法を結び付けて説くものはあったが、近世になると、貝原益軒《かいばらえきけん》の『養生訓』のようにきわめて具体的な養生法、長生法が説かれ、広く実践されるようになる。現世的な身体への関心の進展である。白隠もそのような時代の潮流の中に位置付けられ、それを生かすことで中世と異なる新しい禅が確立することになった。白隠の禅画の圧倒的な迫力も、こうした現世的身体性というところから読み解いていくことができそうだ。

＊鎌田茂雄／著『白隠　夜船閑話・遠羅天釜・藪柑子』講談社、一九九四年
＊芳澤勝弘／訳注『白隠禅師法語全集　第四冊　夜船閑話』禅文化研究所、二〇〇〇年

白隠　［貞享二（一六八五）年―明和五（一七六八）年］

白隠は号、僧名は慧鶴。駿河に生まれ、十五歳、臨済宗松蔭寺（静岡県沼津市）で出家。激しく禅に打ち込むが病気に悩み、二十六歳、洛東白川に白幽老人を訪ねて『夜船閑話』に記される内観の法を授かる。新しい公案の工夫などによって多数の弟子・信徒をもち、臨済宗中興の祖とされる。八十四歳、松蔭寺で没。

安藤《あんどう》昌益《しょうえき》『統道真伝《とうどうしんでん》』

米粒の中に人を見る

儒教・仏教の欠点を糺す「糺聖失」「糺仏失」、人の健康の原理を説く「人倫巻」、動植物についての「禽獣巻」、各国の地誌を論じた「万国巻」から成る大著。

米粒に神《しん》の妙用《みようよう》備はるは、転定《てんち》の日月《じつげつ》、人の神霊《しんれい》なり。（中略）米粒に転穀《てんこく》・定穀《ちこく》、転穀中に定穀具はり、定穀中に転穀具はるは、転定にして一体、男女は男中に女具はり、女中に男具はり、男女にして一人、是れなり。

米粒にすばらしい働きが具わっているのが、転定（天地）の太陽や月であり、人の霊魂である。（中略）米粒に転の穀物、定の穀物が具わり、転の穀物に定の穀物が具わり、定の穀物に転の穀物が具わっているのは、転定が一体ということである。男女は、男の中に女が具わり、女の中に男が具わり、男女で一人だということである。

東日本大震災の後、一時期「少欲知足」が言われ、成長より安定という価値転換が求められた。しかし、それも喉元過ぎればまたもや経済発展第一で、「強い日本」が目指されている。だが、威勢のよい成長がいつまでも続くわけがない。政治も経済も、あらゆる分野でその場しのぎの目先の利益だけが追求されて、高い理想や将来への大きな展望が失われているようだ。

成長発展は直線的時間に基づいている。そこでは過去の知識の蓄積ということが成り立たず、いつも新しい事態に直面し、それに立ち向かうことになる。近代化が進み、農業国から工業国に変貌し、さらに情報産業など先端的な新しい分野が開かれる中で、その傾向は顕著となった。そこでは老人の智恵は意味を持たず、いつも未知と遭遇しつづけ、それと戦う力が求められる。

だが、日本はもともと農耕中心の社会で、そこでは循環的な時間がもととなる。毎日同じように太陽が昇り、沈む。それが繰り返されて一年となる。季節に従って種を蒔き、収穫する。毎年それが繰り返される。過去の叡智《えいち》が蓄積され、そこから緩やかな発展が生まれる。それが一九六〇年代頃まで、二千年以上続いた。そこでは、戦って勝つ力よりも、人知の及ばない巨大な自然と折り合い、仲良くしていく術《すべ》が求められた。

その農の思想を大成したのが安藤昌益だ。秋田藩出身の医師で、八戸で活動した昌益は、しばしば飢饉《ききん》に見舞われた東北の厳しい自然の中で、仏教も儒教も何の役にも立たないことを思い知らされた。そこから、収奪がなく、誰もが平等に農に勤《いそ》しむ直耕《ちょっこう》を理想として、当時の身分制社会を公然と批判した。それが、日本的な社会主義の祖として高く評価された。

しかし、昌益の真髄は単純な社会主義者ではなく、農をもとにして独自の世界観を築いたところにある。昌益によれば、この世界は始めも終わりもない自然の運動である。その運動は、通《つう》(下から上への垂直運動)・横《おう》(水平運動)・逆《ぎゃく》(上から下への垂直運動)からなる。通により転定《てんち》(天地のこと)が成り立ち、横により人間の住む中土が確立し、逆により穀物が生ずる。

穀物の中でも、米こそ転定を凝縮したものである。米粒の芽の出るところが南極に当たり、その反対側が北極に当たる。この米粒から人が生まれる。ということは、米粒の中に人が具《そな》わっているということだ。頭が南極で、手足を屈折した姿で、小さな一つ一つの米粒に人の原形が籠められている。それを食べることで、人の命は継続する。「転《てん》(天)穀・定《ち》(地)穀合一して米穀に具わり、米穀より米・五穀の精神を以て転定《てんち》が男女の人と成る」(『統道真伝』人倫巻)のである。男女も平等で一体のものとして捉えられている。

昌益は医師らしく、人間の身体について詳細に検討し、それが転定と同一構造になっていることを論証する。「自然と人身と一気」であり、米を媒介とすることで、人は転定と一体である。夫婦の交わりから始まり、胎内で子供が育つ過程は、穀物が生じて実る過程と一つだという。死とは無に帰することではなく、五穀に戻っていくことだ。人間の身体は極小の米粒を通して宇宙につながる。

今日、米の神聖性は大きく揺らぎ、貿易上の聖域でさえもなくなろうとしている。だが、長く続いてきた農の知恵は、それが単に実用本位であってはならないことを訴えている。米を通して、世界と人間が一体化するという昌益の思想は、合理主義的な進歩発展に解消できない自然の中の人間のあり方を、今日改めて問いかけるものだ。

＊奈良本辰也／訳注『統道真伝』上・下、岩波文庫、一九六六―六七年
＊安藤昌益研究会／編『安藤昌益全集』第八〜十二巻、農山漁村文化協会、一九八四―八五年

安藤昌益 〔元禄十六（一七〇三）年―宝暦十二（一七六二）年〕

江戸中期の医師・思想家。出羽国秋田郡二井田村（秋田県大館市）の豪農の家に生まれる。京都で医学を学び、四十二歳のとき陸奥八戸の城下で開業。五十歳、『統道真伝』「糺仏失」を執筆。五十一歳、農を中心とする万民平等の「自然世」を理想とする『自然真営道』刊。五十六歳の頃、秋田の故郷に戻り、同地で没。六十歳。『自然真営道』に関しては、出版されたものの他に、膨大な写本が残されている。

V

仏教を捉え直す

日本の思想には、大陸から導入した仏教や儒教、それに対抗して生まれた国学や神道、さらには欧米から導入されたキリスト教や近代的な科学・社会思想など、多様な流れが入り組んでいる。あたかも宝石箱をひっくり返したようで、どれもが輝いているけれども、どうにも雑多でまとまりがないように見える。それを単に雑多なものの同居と見ずに、一つの筋道をつけようとするならば、古代から近代まで、日本人の心の大きな拠りどころであり続けた仏教が、どのように受け入れられ、変貌したかということに目を付けるのも、一つの方法であろう。

もっともその仏教も、インドからはるばると東アジアにわたり、そこから日本に到達した上で、日本の中でも大きく変容したのだから、もともとのインドの仏教とは似ても似つかぬものになってしまった。その中で、本来の仏教の精神とは何であり、それをどのように日本という場で生かせるのか、仏教者たちは真剣に悩みながら、独自の思想を開拓してきた。親鸞や道元の思想も、こうして形成された。

近世になると、仏教はキリスト教や儒教など、他思想からの批判に曝《さら》される。本書ではキリスト教からの教理的な批判を取り上げたが、儒教からはその世俗倫理の欠如などが批判を浴び、国学からは外来的な理論が批判された。他方、富永仲基《とみながなかもと》は、信仰を離れた文献成立史の観点から仏教の発展を捉え、近代的な仏教研究の端緒となった。

親鸞《しんらん》『教《きよう》行《ぎよう》信《しん》証《しよう》』

悟りの世界への往還

浄土真宗の宗祖とされる親鸞。真実の「教」「行」「信」「証」をめぐり、経論を集めることによって浄土を顕らかにすることを目指した主著。

謹《つつし》んで浄土真宗を按《あん》ずるに、二種の廻向《えこう》あり。一つには往相《おうそう》、二つには還相《げんそう》なり。往相の廻向について真実《しんじち》の教行《きょうぎょう》信証《しんしょう》あり。それ真実の教を顕はさば、則《すなわ》ち大無量寿経《だいむりょうじゅきょう》これなり。

つつしんで浄土の真実の教えを思案するに、弥陀は衆生のために二つの方向に功徳を差し向けて下さっている。一つは悟りに向かう方向で、もう一つは悟りを得た上で人々の救済に向かう方向である。悟りに向かう方向への功徳の差し向けには、真実の教えと行と信と悟りとがある。真実の教えを顕すならば、それは『大無量寿経』に他ならない。

日本の仏教というと、多くの人はまず親鸞・道元・日蓮などの祖師を思い浮かべるだろう。彼らは鎌倉時代に輩出して新しい仏教を打ち立てたので、鎌倉新仏教と呼ばれる。それに対して、天台・真言や南都諸宗は旧仏教と呼ばれる。常識化した説によると、旧仏教は、政治権力と癒着して堕落し、それに対して興った新仏教は、誰にでも実行できる容易な行（念仏・坐禅など）を一つだけ専修すればよいと主張して、民衆的、反権力的な純粋な仏教だというのだ。

このような見方を鎌倉新仏教中心論と呼ぶ。新仏教の中でも代表的と考えられたのが親鸞である。その思想の中核は、『歎異抄《たんにしょう》』の悪人正機《しょうき》説に求められた。「善人なをもて往生をとぐ、いはんや悪人をや」という一節は、誰もが知っている。

だが、近年の研究は、このような常識を完全にひっくり返した。旧仏教の研究が進むにつれて、旧仏教が豊かな内容を持っていることが次第に分かってきた。それとともに、新仏教の方も、従来の解釈に対して深刻な疑問が呈されるようになった。

親鸞の場合でいえば、何よりも『歎異抄』によって親鸞を理解してよいかが疑問視される。『歎異抄』は聞き書きで、それも著者の唯円《ゆいえん》が自説を正統として主張するために親鸞の言葉を援用しているのだから、第一次史料として用いるわけにいかない。悪人正機説にしても、親鸞自身の著作の中には見えず、親鸞がもっとも根本的な悪と考える誹謗正法《ひぼうしょうほう》（正しい教えを誹謗すること）が『歎異抄』では問題にされていない。親鸞の主著は『教行信証《きょうぎょうしんしょう》』であるが、その解釈も揺れている。従来の解釈では、親鸞の特徴は信の重視にあるとされ、如来に任せきる他力の念仏のみが正しいとされる。しかし、この立場からは、自己責任を持った社会的行為を導く理論が出てこない。

例えば東日本大震災の際に、真宗の人が自分の力でできることだけでもしようとボランティア活動に従事しても、それは自力の行であり、他力の念仏ではないから、真宗の本来的な活動と見なせないのではないか、という疑問が提起された。

親鸞の伝記もまた、従来あまりに近代的、合理的に解釈しすぎていたのではないかと反省されるようになってきた。例えば、大正期の恵信尼《えしんに》文書の発見により、親鸞の妻は恵信尼一人と考えられてきた。しかし、近世以前の多くの伝記は、関白九条兼実《くじょうかねざね》の娘玉日《たまひ》を娶《めと》ったと伝えている。こうした伝承を無視し去ることはできない。

このように、従来の親鸞解釈は大きく揺らいでいる。それでは今後、どのような視点から考えればよいのだろうか。

第一に、親鸞は近代人ではない。六角堂にお籠《こ》もりして、夢のお告げで生涯の決断をするような中世人である。あまりに近代的で合理的な親鸞解釈は、かえって真価を歪《ゆが》める。実証的な事実だけでなく、様々な伝承の価値も見直す必要がある。

第二に、教条主義的な解釈にかわり、もっと自由で柔軟な解釈が必要となる。例えば、念仏以外の社会的な活動でも、そこに仏の力がはたらくならば、十分に仏の心にかなった行為と見ることができよう。

親鸞思想の核心は、阿弥陀《あみだ》仏の他力を受けて、往生・涅槃《ねはん》へ向かう方向（往相《おうそう》）と、そこから人々の救済に向かう方向（還相《げんそう》）の重層性にあると考えられる。親鸞は、決して自分だけ往生して悟れば、それでいいと考えていたわけではない。最終目標は他者の救済にある。そのために、悟りの世界に往って、そこから戻ってくるパワーが必要とされるのである。

近年、親鸞が現世での往生を説いたか否かということをめぐって論争が行われている。往生して還相するには、死という媒介が不可欠であろう。しかし、死者の還相の力が阿弥陀仏と一体化してこの世界にはたらいていることも間違いない。その力を受けることで、私達の現世での活動もまた可能になると考えられるのである。

＊星野元豊・石田充之・家永三郎／校注『日本思想大系　親鸞』岩波書店、一九七一年
＊金子大栄／校訂『教行信証』岩波文庫、一九五七年
＊石田瑞麿／訳『歎異抄・教行信証』1・2、中公クラシックス、二〇〇三年

親鸞 ［承安三（一一七三）年―弘長二（一二六二）年］

日野（京都市伏見区）の下級貴族の子に生まれ、九歳で比叡山に登る。二十九歳、観音菩薩の夢告を得て法然の弟子になる。三十五歳、法然教団の弾圧により越後（新潟県）に配流。四十二歳、関東に向かう。五十二歳頃、『教行信証』を執筆したという。六十三歳頃、京都に戻り、九十歳で没。没後、弟子唯円が言行録『歎異抄』を記す。

道《どう》元《げん》『正《しょう》法《ぼう》眼《げん》蔵《ぞう》』

原始仏教からの再出発

生涯にわたる道元の著述を集成した八十七巻に及ぶ大著。坐禅を実践するための工夫から諸宗の批判まで、真実の仏法のあり方を追求する。

如来の弟子は、かならずこれを習学《しゅうがく》したてまつる。これを修習《しゅじゅう》せず、しらざらんは仏弟子にあらず。これ如来の正法眼蔵涅槃妙心《しょうぼうげんぞうねはんみょうしん》なり。（中略）如来の正法いま大千《だいせん》に流布《るふ》して、白法《びゃくほう》いまだ滅せざらんとき、いそぎ習学すべきなり、緩怠《かんたい》なることなかれ。

如来の弟子は、かならずこの八大人覚を習学しもうしあげる。これを修習せず、知らないのは仏弟子でない。これは如来の正しい教えの根本で、涅槃の核心である。（中略）如来の正しい教えは今、大千世界に流布して、真実の教えはいまだ滅していないこの時に、急いで習学すべきであり、怠慢であってはいけない。

日本の仏教は大乗仏教といわれる。しかし、いきなり大乗仏教の経典を読んでも、いったいどれだけ分かるだろうか。特別信仰しているのならともかく、予備知識もなく『法華経』などに飛び付いても、やたらに壮大なことを言うだけで、さっぱりおもしろくないというのが普通だろう。それに較べて、いわゆる原始仏教の経典は、何と分かりやすく、しかも心に沁《し》みて含蓄が深いことか。

「ものごとは心にもとづき、心を主《あるじ》とし、心によってつくり出される。もしも汚れた心で話したり行なったりするならば、苦しみはその人につき従う。――車をひく（牛）の足跡に車輪がついて行くように」（中村元訳『ブッダの真理のことば・感興のことば』）

『ダンマパダ』（法句経《ほっくぎょう》）の冒頭の偈《げ》だが、誰が読んでも納得するだろう。ややこしい大乗仏教の経典よりも、この一句のほうがよほど心に響く。

日本では、原始仏教は小乗として軽蔑されていた。ただ、少数だが、小乗の重要性を認識して、そこから出発すべきことを説いた人がいないわけではなかった。その一人が道元である。

病に倒れた道元の最期の説法は、『正法眼蔵《しょうぼうげんぞう》』の「八大人覚《はちだいにんがく》」の巻である。八大人覚というのは、偉大なブッダの覚りのおおもととなる八つの実践で、その内容は①少欲②知足③楽寂静《ぎょうじゃくじょう》（静寂を楽しむ）④懃精進《ごんしょうじん》（善なることにひたすら努める）⑤不《ふ》忘念《もうねん》（正しい思念を保持する）⑥修禅定《しゅぜんじょう》（坐禅で心を静める）⑦修智恵《しゅちえ》（智恵をはたらかせる）⑧不戯論《ふけろん》（余計な議論をしない）である。ブッダの最期の教えとして、原始仏教以来、説かれてきた。

道元は、これこそ正しい仏法の根本であり、涅槃《ねはん》の核心である（正法眼蔵、涅槃妙心）として、「これを修習せず、しらざらんは仏弟子にあらず」と言う。そして、「（八大人覚を）習学して何度も生まれ変わっては次第に深め、かならず最高の覚りに達して、衆生のためにこれを説くこと、釈迦牟尼《むに》仏に等しくして、異なることがないようにしたい」という誓いで、最期の説法を結んでいる。

『正法眼蔵』というと、難解で哲学的な禅の議論で知られ、世界的にも高く評価されている。ところが、その最期の説法は、あまりに単純で、原始仏教の基本的な教えを、経典の通りに引用するだけである。それは拍子抜けするほど素朴で、さすがの道元も病気で衰え、複雑な思索ができなくなったという評価もある。

しかし、近年の道元研究は、少し違う見方をする。弟子の懐弉《えじょう》によると、晩年の道元は『正法眼蔵』をすべて書き直し、全百巻にする計画で、十二巻まで書いたところで亡くなったという。その最後の巻が「八大人覚」である。晩年の新しい構想の『正法眼蔵』は十二巻本と称されているが、全体にわたって、その記述はかつての道元の難解な議論とまったく異なっている。

　そこでは、仏法僧に帰依すべきこと、出家受戒して、袈裟《けさ》を着て修行に励むべきこと、業や因果の教説を信ずべきことなど、原始仏教以来の基本的な教えや修行が、きわめて素直に説かれている。真実の仏法を求める道元の求道の行き着いた先は、仏教の源流を溯《さかのぼ》って、もっとも原初的な原始仏教から出発することであった。

　今日、原始仏教の流れを汲《く》む東南アジアの上座部仏教が日本でも注目されるようになっているが、道元こそその遥かな先駆者であった。

＊水野弥穂子／校注『正法眼蔵』全四巻、岩波文庫、一九九〇―九三年
＊寺田透・水野弥穂子／校注『日本思想大系　道元』上・下、岩波書店、一九七〇―七二年
＊増谷文雄／全訳注『正法眼蔵　全訳注』全八巻、講談社学術文庫、二〇〇四―〇五年

道元　〔正治二（一二〇〇）年—建長五（一二五三）年〕

曹洞宗の開祖。久我氏の出身。十三歳で比叡山入山、翌年出家。のち下山し、十八歳、建仁寺に入る。二十四歳から二十八歳、入宋。天童山の如浄から印可を受けて帰国。三十四歳、深草（京都市伏見区）に興聖寺開創。四十五歳、越前に永平寺開創。五十四歳、療養のため赴いた京都で没。弟子懐弉による言行録『正法眼蔵随聞記』がある。

無《む》住《じゅう》『沙《しゃ》石《せき》集《しゅう》』

多様性にひらかれた智慧

約百五十話を収める説話集。神仏習合が深化した中世の寺社の話、修行僧の暮らし、庶民の生活、各地の伝奇譚など多彩な内容をもつ。

凡《およ》そ、人の心まちまちにして、かくの如く、何《いず》れの道をも好むで万事《ばんじ》を忘る。この故に、仏道に入る時も好む所有り。如来の教法に種々《しゅじゅ》の門を立て、伝法《でんぽう》の聖者《しょうじゃ》の宗々《しゅうしゅう》を建立《こんりゅう》せるは、機根《きこん》の不同なる故なり。

およそ人の心はまちまちであって、このように、どんな道でも愛好すると万事を忘れてしまう。それ故、仏道に入る時もそれぞれ好むところがある。如来の教法に種々の入り口を設け、仏法を伝える聖者がさまざまな宗を立てるのも、人々の機根が異なっているからだ。

長い間、親鸞、道元、日蓮などの鎌倉新仏教こそ日本仏教の最高峰とする鎌倉新仏教中心論が常識化していた。それによると、旧仏教は古い価値観を墨守し、新仏教を阻止しようとする悪玉のように見られた。新仏教が念仏や坐禅のような一つの行を専修することを説き実践しやすいのに対して、旧仏教がさまざまな行を組み合わせた兼修を説くのは、一般民衆には不可能な貴族的な立場であり、一つの行に専念できない不徹底な態度と考えられた。そんなわけで、研究も進まなかった。

だが、そうであろうか。専修念仏の立場では念仏以外の行は役に立たないとして、すべて否定する。しかし、人により適性はさまざまで、念仏を好む人もいれば、坐禅を好む人もいる。いろいろ試み、自分にふさわしいやり方を採用してかまわないはずだ。最初から選択肢がなく、唯一の行しか認めないというのは、あまりに偏狭ではないか。

十三世紀後半になると、写本の収集が進んだり、交通の発展で地域間の交流が活発になったりして、多様な学問や修行が可能となる。学問的には諸宗兼学が盛んになった。東大寺の凝然《ぎょうねん》はもっとも名高く、諸宗の教義の概論である『八宗綱要《はっしゅうこうよう》』は今でも仏教入門書として広く読まれている。同時代の日蓮も、じつは驚くほど諸宗の学に通じている。

　そのような時代に、実践的な面から積極的に諸行を兼修しながら、自分にふさわしい行を求める動向も出てきた。その代表が無住である。無住は、文学史では説話集『沙石集《しやせきしゆう》』の著者として多少知られていたが、仏教史のほうでは、専修念仏のような新しい動向を批判した頑迷な旧仏教側の人物として、ほとんど顧みられなかった。再評価の気運は最近のことである。

　無住は武士の出身だが、若くして出家し、律、禅、密教など幅広く学んだ。念仏にも詳しい。後年は尾張《おわり》の長母寺《ちようぼ》（名古屋市東区）に住した。無住が学んだ律は真言系の叡尊、忍性の流れに立っており、禅は東福寺の円爾《えんに》に学んでいる。

　いずれも当時の最新の実践仏教であり、決して守旧的ではなく、逆に常に進取的に新しいものを求めている。無住の本格的な仏教理論書『聖財集《しようざいしゆう》』は、最近ようやく本格的な研究が始められたばかりであるが、そこでは禅と密教はじめ、さまざまな仏教の教義や実践が冷静に比較対照されている。

『沙石集』によると、無住の基本的な立場は「凡そ、人の心まちまち」であり、「何れの宗にも取り付きて、好み修行せば、益《やく》あるべきに、ただ我が心を以て是非する事は、よしなくこそ」（無言上人の事）というところに端的に示されている。それぞれ適性があるから、どのような宗から入っても、好んで修行すれば益があり、自分勝手に是非すべきでない、というのである。

偏執的な態度を嫌い、多様性を認めるのであるが、だからといって何でもよいというわけではない。あくまでも悟りを求めるという最終目的に向かわなければならないのであって、その根本の目標を見失うような態度に対してはきわめて厳しく糾弾している。

無住はまた、神仏習合も積極的に認めている。『沙石集』の冒頭は、伊勢神宮の成立に関わる神話的な物語で始まり、神仏関係を説く話が続いている。だが、決して神仏をいい加減にまぜこぜにするのではなく、仏教の立場からきちんと筋を通している。神仏習合というと何か不純のように考える近代の常識は、反省されなければならない。無住の著作には、多様な価値観を認めつつも芯は揺るがない、成熟した智慧を見ることができる。

＊渡邊綱也／校注『日本古典文学大系　沙石集』岩波書店、一九六六年
＊小島孝之／校注・訳『新編日本古典文学全集　沙石集』小学館、二〇〇一年

無住 ［嘉禄二（一二二六）年―正和一（一三一二）年］

無住は号で、僧名は道暁。鎌倉の武士に生まれたと伝える。十八歳、常陸法音寺で出家し、諸宗を学ぶとともに伊勢神宮にも参籠。京都の臨済宗東福寺の開山・円爾に入門。三十七歳、尾張の長母寺（名古屋市）の住持に迎えられ、禅と密教を中心に教線を張った。晩年は寺内の桃尾軒に隠居した。説話集『沙石集』、『雑談集』、仏教書『聖財集』などを著す。

不干斎《ふかんさい》ハビアン『妙貞問答《みょうていもんどう》』

キリシタンからの仏教批判

日本人のイエズス会修道士が、妙秀・幽貞という二人の尼の問答の形で仏教諸宗を論じ、キリスト教が優れていることを説いた書物。

しかれば、仏法と申は、八宗、九宗、十二宗共に、今まで申《もうし》たるごとく、皆後生《ごしょう》をばなき物にして置也。袈裟・衣をき、仏事作善と云《いう》も、唯不断の世諦《せたい》、世間のみかけ也。後生の助《たすか》り、後の世の沙汰と申は貴理師端《きりしたん》の外にはなしと心得給べし。

そうであるから、仏法というのは八宗・九宗・十二宗のいずれも、今まで申したように、皆来世はないものという結論になる。袈裟や僧衣を着て、仏事や善行をなしても、ただいつも世俗の真理ばかりで、世間的な見せかけだけです。来世に助かり、来世のことがきちんとしているのは、キリシタンの他にはないと心得なさい。

ここで取り上げる『妙貞問答』は仏典ではなく、キリスト教（キリシタン）の著作で、江戸時代初めに書かれた。上巻で仏教批判、中巻で儒教・神道批判を行い、下巻でキリスト教の要義を述べるという構成である。本書は日本人の書いた唯一のキリシタン教理書であり、宣教師が外から持ち込んだキリスト教を、日本の知識人がどのように受け止めたかという観点からきわめて注目される。

著者の不干斎ハビアンは、もともと禅寺で学んでおり、仏教についてプロとしての素養があったから、その仏教批判は必ずしも見当違いとはいえず、当時の仏教を考えるうえでも貴重な資料である。

本書は、夫を関ヶ原の合戦で亡くした妙秀《みょうしゅう》が、キリシタンの幽貞《ゆうてい》を訪ねて、二人の女性が問答するという文学的な展開になっている。上巻の仏教批判を見ると、釈迦の生涯から始め、法相宗《ほっそう》、三論宗《さんろん》、華厳宗《けごん》、天台宗（付日蓮宗）、真言宗、禅宗、浄土宗（付一向宗）の順で、諸宗の教えを取り上げて批判していく。

その批判のポイントは、「諸宗いずれも究極は、仏も衆生も地獄も極楽もないということを、宗ごとに名を変えていろいろに言っているだけです」（「浄土宗之事」。現代語訳で引用）というところに帰着する。どの宗をとっても、仏教は結局のところ、仏も衆生《しゅじょう》も地獄も極楽もない、すなわち「無」に帰するというのである。

極端な論じ方のようであるが、仏教では根本に「空」の立場を立てる。「空」というのは、有と無の両極端を否定することであるが、有か無かという二項対立的な見方に立つと、「無」として誤解されやすい。実際、ヨーロッパでは長い間、仏教は「虚無の宗教」として恐れられた。仏教側でも、浄土といっても結局は方便であり、真実の立場からすればあるわけではない、という言い方がされることがあるので、そこを突かれたことになる。

上巻の終わりでは、「仏法というのは、八宗・九宗・十二宗のいずれも、今まで申したように、皆来世はないという結論になる。袈裟《けさ》や僧衣を着て、仏事や善行をなしても、ただいつも世俗の真理ばかりで、世間的な見せかけだけです。来世に助かり、来世のことがきちんとしているのは、キリシタンの他にはないと心得なさい」と結論付けられる。

すべて無に帰するとすれば、来世の救済ということは考えられなくなる。それでは「現世《げんぜ》安穏《あんのん》、後生善所《ごしょうぜんしょ》」（現世を安穏に暮らし、後生には善いところに生まれる）という願望は満たされないことになる。そこで下巻では、キリシタンの教えのみが、「現世安穏、後生善所の真の主」であるデウス（神）を説き、本当の「後生善所」である「ハライソ」（天国）を説いていると論じていくのである。

こう見ると、本書は、当時の人々が素朴に仏教に求めていた「現世安穏、後生善所」という願いが実は仏教では満たされないとして、キリシタンこそその願いを満たすものだという結論へと巧みに導いていることが知られる。

今の日本は高齢化が進み、東日本大震災で多くの人が亡くなったこともあって、死について語られることが目立って増えてきた。その際、キリスト教の立場の人たちがはっきりとした来世観を持っているのに対して、多くの日本人は来世観が曖昧《あいまい》で、死後の世界に関して混乱しているように思われる。その点では、ハビアンの指摘は今の日本でもそのまま通用しそうである。

＊海老沢有道・岸野久・井手勝美／編著『キリシタン教理書』教文館、一九九三年

＊末木文美士／編『妙貞問答を読む　ハビアンの仏教批判』法藏館、二〇一四年

ハビアン　［永禄八（一五六五）年―元和七（一六二一）年］

ハビアンは洗礼名、不干斎は号で本名は不明。禅僧だったが十九歳で受洗。二十二歳、イエズス会修道士になる。二十三歳、豊臣秀吉のバテレン追放令により九州に逃れる。四十一歳、『妙貞問答』を著す。四十四歳、女性と駆け落ちし棄教。五十六歳、キリスト教を排撃する『破提宇子』を著し、五十七歳で没。

鉄《てつ》眼《げん》『化《け》縁《えん》之《の》疏《しょ》』

印刷がもたらす新思想

世の人々の病を治す法の薬、すなわち経典が日本に未整備であるとして、三十四歳の鉄眼が大蔵経輸入のための喜捨を勧めた書。「化縁」は教化の縁の意。

もとより一鉢の身にして、余れるたくはへなし。いまもろ〳〵十方をたのまずんば、いかでか此事をはたさん。是によりて、上をはゞからず、下をかへりみず、百千貫を多しとせず、一粒米をすくなしとせず、ほどこすにしたがひて、おさめたくはへ、あたふるにまかせて、こひもとむ。

もとより私は一鉢しか持たない身で、余った蓄えもない。いま諸方の多くの人を頼みとしなければ、大蔵経出版の事業は果たせない。そこで、身分の上下に関わりなく、百千貫の寄付も多すぎず、一粒の米の寄付も少なすぎない。施すままに蓄え、与えるままに乞い求める。

今日、情報革命は急速に進展しつつあり、書籍は電子データに変えられ、印刷された書籍の出版は危機に瀕している。それが社会的にどのような影響をもたらすのか、いまだに先は見えない。振り返ってみると、今日の印刷文化は明治以後の活版の延長上にあるが、さらに遡《さかのぼ》ると、その源は近世の木版本の全盛に求められる。当時の出版の過半は仏教書であり、近世文化を支えていた中核が仏教であったことを示している。主要な仏典の出版は中世から盛んであり、高野版、五山版、浄土教版など、大きな寺院で開板され、また、西洋の新しい活字文化によるキリシタン版も行われたが、個別的なものに限られていた。

仏典のすべてを網羅する「大蔵経《だいぞうきょう》」は、中国では、宋代以後、皇帝の勅命で印刷され、朝鮮半島でも高麗版が高い評価を受けていた。これらは日本にも輸入されたが、貴重品であり、広く閲覧できる状態ではなかった。こうした中で大蔵経を印刷出版して、普及させようという一大事業に挑んだのが鉄眼道光《どうこう》であった。

「化縁之疏《けえんのしょ》」は、鉄眼が大蔵経出版に先立ち、中国から大蔵経を輸入しようとして寄付を募った際の趣意書である。そこでは、我が国にはいまだ大蔵経が普及していないことを歎き、「もとより一鉢の身にして、余れるたくはへなし。いまもろ〳〵十方をたのまずんば、いかでか此事をはたさん」と、大蔵経を渇望する切々たる思いを綴《つづ》って、人々に寄付を求めている。

その延長上に、日本で大蔵経を刊行しようという大きな計画が生まれたのであるが、その実現には黄檗宗《おうばくしゅう》を伝えた隠元隆琦《いんげんりゅうき》の援助があった。海外との交流が制限されていた時代に、隠元が新しい中国の仏教を伝えたことは、今日では想像できないほどの大きな出来事であった。

それは仏教の範囲にとどまらず、書道、絵画、喫茶、文学等々、清新な新文化は、海外文化に飢えていた知識人たちすべてに大きな衝撃を与えた。鉄眼もまた、隠元のもとに馳《は》せ参じた一人で、隠元から明《みん》の民間大蔵経である嘉興蔵《かこうぞう》を与えられ、それをもとにして、さまざまな困難を乗り越えて、日本ではじめての大蔵経を完成させた。

黄檗版、または鉄眼版と呼ばれるその大蔵経の普及には、了翁道覚《りょうおうどうかく》の果たした役割も忘れられない。了翁は、夢のお告げで作り出した霊薬・錦袋円《きんたいえん》が大当たりして、その儲《もう》けで鉄眼版を買い求めて各地の寺院に奉納した。このように、鉄眼版は印刷文化の普及ということとともに、貨幣経済の発展という時代性をも強く反映している。

こうして写本の時代は終わり、印刷出版の時代へと転換したが、その影響は思想面にも及ぶ。写本での伝播《でんぱ》は限定的であり、誰もが目にできるわけではなかった。書物は許された者にだけ秘密的に伝授されるものであり、そこに口伝法門が発展する地盤があり、伝授の間にテクストそのものが変容していく可能性も大きかった。

それが出版され公開されると読者は一気に広がり、テクストの独占は不可能になる。いかに読み解釈するかは他者により検証され、独善的な解釈やテクストの改変は批判に曝《さら》されることになる。口伝法門の本覚《ほんがく》思想が批判され、文献学的な注釈や解釈学へと変容する。それが近代の仏教学につながっていく。テクストの流通のあり方は、それほど大きな意味を持つものである。現代の印刷文化の変容や電子化の流れもまた、それに匹敵するだけの影響を生み出すに違いない。

鉄眼は晩年には、近畿地方の大飢饉《ききん》に寺財をすべてなげうって救済に当たり、その疲労の中に病没した。そのひたむきな活動は、仏教者の社会参加という面でも時代の最先端を進むものであった。

＊赤松晋明／校訂『鉄眼禅師仮字法語』岩波文庫、一九四一年
＊源了円／著『鉄眼　仮字法語・化縁之疏』講談社、一九九四年

鉄眼 【寛永七（一六三〇）年―天和二（一六八二）年】

鉄眼は号、僧名は道光。熊本の八幡宮の社僧の子に生まれ、十三歳で浄土真宗の僧になるが、二十六歳、黄檗宗の隠元に入門。三十九歳、大蔵経開板の募金活動を開始。京都に木版印刷の印房を設け、四十九歳、初版約七千巻を後水尾法皇に進上。黄檗版また鉄眼版大蔵経と呼ばれる。飢饉の救民に当たるなか、五十三歳で没。

富《とみ》永《なが》仲《なか》基《もと》『出定《しゅつじょう》後語《ごご》』

徹底した思想の相対化

書名は、釈迦が悟りの安らぎから出て説法を始めたことにちなむ。時とともに新しい説が付け加えられて大乗経典が生まれたと説く。

諸法あひ万すといへども、その要は善をなすに帰す。苟《まこと》によくその法を守りて、おのおの善をなすに篤くんば、則ち何ぞ彼此《ひし》を択《えら》ばん。仏もまた可なり。儒もまた可なり。苟《まこと》に善をつくるをなせる者は、乃ち一家なり。何にかいはんや、同じく仏を宗として、その派を異にする者をや。

さまざまな教えは無数にあるが、その根本を言えば善をなすことに帰する。まことにその教えを守って、それぞれ篤く善をなせば、あれこれと択ぶ必要はない。仏もよいし、儒もよい。まことに善をなすものは、一つ家のものである。まして同じ仏法に従って派を異にする者が別々のはずがない。

近世は平和な時代が続き、貨幣経済が浸透するとともに、商人の力が強まり、そこから新しい学問が生み出されるようになった。中でも大坂の懐徳堂《かいとくどう》は、大商人たちの設立した私塾として、ユニークな学者が巣立った。富永仲基と山片蟠桃《やまがたばんとう》はその双璧で、ともに合理主義を過激なまでに徹底させ、独創的な思想を展開した。山片蟠桃は、科学的な唯物論の立場を取って、霊魂や神の存在を否定した。それに対して、富永仲基はそれまで聖典視されていた儒教や仏教の典籍の聖性を剝奪《はくだつ》し、そこに思想史の展開を見ようとした。

仲基は、三十二歳で亡くなったが、すでに十五、六歳頃、『説蔽《せっぺい》』を著し、儒教の典籍を批判した天才であった。この説は、師の三宅石庵《みやけせきあん》の不興を買い、仲基は懐徳堂を離れたという。『説蔽』は現存しないが、後の著作『翁の文《おきなのふみ》』の要約に従えば、孔子の『論語』は聖人の言葉ではなく、当時の実力本位の覇道《はどう》の説の上に出るものとして、文武の王道を唱えたものだという。またその上に進もうとして墨子《ぼくし》が出るというように、次第に思想が展開していくとされる。これが加上説と呼ばれるもので、前人の説に何か新しいものを加えたり、それを批判することで、後人の説が形成されると考え、そこに思想史のダイナミズムを見る。

『出定後語《しゅつじょうごご》』では、その方法を仏典に適用している。インドではまず外道《げどう》（仏教以外）の諸師が、善行により天に生まれるという生天《しょうてん》説を説いたのに対して、釈迦は生死を離れることを説いた。その後、釈迦の弟子たちが「有《う》」を主張したのに対して、「空《くう》」を主張する人たちが般若《はんにゃ》経典を作り、ここに大乗が成立することになったという。

それまでの仏教が、すべての経典を釈迦が説いたという前提で成り立っていたのに対して、仲基は大乗経典が釈迦の直説であることを否定する。これは、大乗経典に基づく日本の仏教信仰を危うくする。それ故、この説はその後の排仏論者によって利用されたが、そればかりでなく、近代の仏教学までをも射程に収めるものであった。近代の仏教学は欧米の研究を輸入し、いわゆる原始仏教の経典が釈迦の直説に近いことを知ったが、そうすると大乗仏典は釈迦の直説でないことを認めなければならなくなった。それが大乗非仏説論と呼ばれるもので、その説を主張した東京帝国大学講師（後に教授）の村上専精《むらかみせんしょう》が真宗大谷派の僧籍を一時離脱しなければならないほどの衝撃を仏教界に与えた。仲基はそれを二世紀も前に主張していたのである。

仲基は大乗非仏説論の先駆という点から評価されることが多いが、意図するところはそれに留まらない。「われ、儒の子にあらず、道の子にあらず、また仏の子にあらず」と、特定の教えに立脚することを拒み、徹底した思想の相対化を図る。思想はすべて時代と地域の課題に応じて形成されたものであって、普遍的なものはない。その論法はきわめて鋭く、『翁の文』では、「仏《ぶつ》は天竺の道、儒は漢《から》の道、国ことなれば、日本の道にあらず。神《しん》は日本の道なれども、時ことなれば、今の世の道にあらず」として、どの教えも今の日本には適合しないとする。

それでは今の日本で、どのような教えに従ったらよいのか。『翁の文』では、それを「誠の道」と規定する。それは、親あるものは親に仕え、君あるものは君に心を尽くし等々、「あたりまえをつとめ」ることだという。拍子抜けするほど無批判な常識主義である。思想を徹底的に相対化し尽くしたとき、最後に戻るところは、理論化しえない日常生活の具体性ということになるのかもしれない。

＊加藤周一／編『日本の名著　富永仲基・石田梅岩』中央公論社、一九七二年
＊水田紀久・有坂隆道／校注『日本思想大系　富永仲基・山片蟠桃』岩波書店、一九七三年
＊富永仲基／著『現代仏教名著全集（普及版）出定後語』隆文館、一九八二年

富永仲基　［正徳五（一七一五）年—延享三（一七四六）年］

江戸中期の市井の思想家。大坂・北浜（大阪市中央区）の豪商の三男。十歳のときに父ら五人の豪商が設立した学問所・懐徳堂で儒教を学び、二十歳の頃、宇治の黄檗宗萬福寺で諸経典を研究。『翁の文』を著し、儒教・仏教・神道を批判。三十一歳の延享二（一七四五）年に『出定後語』を刊行して大乗非仏説を主張。翌年、三十二歳で病没。

和辻哲郎《わつじてつろう》『古寺巡礼《こじじゅんれい》』

美術品としての仏像

大正七(一九一八)年五月、三十歳の和辻が友人たちと奈良近辺の古寺を巡拝し、のちに伽藍や仏像・仏画の印象を綴った紀行文。

われわれが巡礼しようとするのは「美術」に対してであって、衆生救済の御《み》仏《ほとけ》に対してではないのである。たといわれわれがある仏像の前で、心底《しんそこ》から頭を下げたい心持ちになったり、慈悲の光に打たれてしみじみと涙ぐんだりしたとしても、それは恐らく仏教の精神を生かした美術の力にまいったのであって、宗教的に仏に帰依したというものではなかろう。宗教的になり切れるほどわれわれは感覚をのり超えてはいない。

東京に住んでいた頃、仏像というと博物館の展覧会で見る芸術作品という観念があった。国宝や重要文化財の優品が国立博物館に展示されると、いそいそと見にゆき、四方からまばゆく光線を当てられた仏像を、前後からじっくり鑑賞して、その技法の高さに感動した。

京都に移って、折々にお寺に参詣するようになって、仏像はお寺の本堂に安置され、礼拝する対象だという当たり前のことに、ようやく気が付いた。本尊は薄暗い内陣の奥に潜み、時には厨子《ずし》の中に納められて目に触れない。すべてが露《あら》わにされることが、必ずしも仏像本来の意図ではない。

それとは違う仏像のあり方もある。中国や韓国のお寺に行くと、ごく最近作られた金ぴかで巨大な仏像に向かって、信者たちが五体投地《ごたいとうち》の礼拝を延々と続けているのを、よく見受ける。そこでは仏像は堂々と露呈されているが、およそ芸術的価値が高いとは思われない。宗教的な価値という観点から見れば、古さを競ったり、芸術性を求めたりするのは、邪道ということにもなろう。

仏像が芸術品と見られるようになったのは、古いことではない。その画期をなす出来事は、明治十七(一八八四)年、アーネスト・フェノロサと岡倉天心《おかくらてんしん》らによる法隆寺夢殿《ゆめどの》の秘仏救世観音《くせかんのん》の調査であった。罰が当たると逃げ出した寺僧たちを尻目に、彼らは埃《ほこり》だらけの包みをほどき、立ち現れた観音の美しさに感動する。こうして「日本美術史」という近代的な新しい学問が成立し、日本の仏像は世界に誇る芸術として称賛されるようになった。

信仰の対象から鑑賞の対象へ――この大きな転換を決定付けたのは、和辻哲郎の『古寺巡礼』（一九一九年）であった。和辻が当時三十一歳の青年であったことを思うと、寺回りとはいかにも渋い趣味のようだが、読んでみれば、若々しい情熱と感性に溢《あふ》れた野心作であることが分かる。ニーチェやキェルケゴールの先端的な研究から出発した和辻は、『偶像再興』で伝統否定から伝統的価値の再発見へと向かう。こうして書かれたのが『古寺巡礼』である。だからそれは、決して古めかしい伝統回帰ではない。

「われわれが巡礼しようとするのは「美術」に対してであって、衆生救済の御仏に対してではないのである」という誇らしげな宣言通り、古色蒼然と見られていた奈良や飛鳥《あすか》の寺院や仏像を、まったく新しい近代的な「美」の観点から再発見しようというのである。

和辻の想像力は学者としての実証を超えて羽ばたき、古代ギリシア・ローマ芸術と東洋の仏像がシルクロードを介して通い合う。それらの作者は、狭隘《きょうあい》で、わけのわからない宗教者ではなく、世界に開かれた、感性豊かな芸術家たちでなければならなかった。

和辻に導かれて、多くの文学者や芸術家が古都を訪れ、古き高邁《こうまい》な芸術に酔いしれた。やがてそれは大衆化して、古都の寺院や仏像は今や貴重な観光資源ともなっている。殺伐とした現代社会に疲れた心を、古都はほっこりと癒《いや》してくれる。時代によって、寺院や仏像の持つ意味は変わっていく。

それはそれで認めたうえでなお、近代の目で「美」や「芸術」として見られてきた寺院や仏像を、もう一度古代や中世の場に引き戻すことはできないか。それらは、露わとなった現世を超えて、この世ならぬ「冥《みょう》」なる異界への入り口としての役割を持つものではないか。近年の研究は、近代と異なるそんな古代、中世の精神のあり方を、寺院や仏像を通して明らかにしつつある。

*『古寺巡礼』岩波文庫、一九七九年
*『初版　古寺巡礼』ちくま学芸文庫、二〇一二年

和辻哲郎 〔明治二十二（一八八九）年―昭和三十五（一九六〇）年〕

現在の兵庫県姫路市に生まれる。大学時代に谷崎潤一郎らの同人誌『新思潮』に参加。東京帝大文学部・同大学院を経て、三十二歳、東洋大学講師。三十七歳、京都帝大倫理学講師（のち教授）。三十九歳から四十歳、ドイツ留学・西欧各地を旅行。四十六歳、東京帝大文学部教授。七十二歳で没。

日本の思想を考える㊁大伝統をどう見るか

三つの伝統の中で、今日もっとも見直しを迫られているのは大伝統である。それは、古代・中世・近世と長い時代にわたり、まさしく本来の「伝統」と呼ぶにふさわしい。しかし、それだけに今日、どのようにそれを捉えたらよいか難しい。

大伝統は中伝統によって大きく作り変えられたが、今日それをそのまま受け入れることは不可能である。それでは、どのような視点で見直したらよいのであろうか。日本の前近代は本当に多様で、大きな可能性を秘めた思想の宝庫である。しかし、ただ多様なものを多様なままに並べただけでは、それこそおもちゃ箱をひっくり返したように、単に雑多というように過ぎない。それを見ていく視点が必要である。

日本哲学の研究者であるトマス・カスリスは、近代西洋で確立された自立した個人という人間観と別に、他者との相互関係の中で自己を捉えるような人間観も認めるべきだと主張している（Thomas Kasulis, *Intimacy or Integrity: Philosophy and Cultural Difference*, University of Hawai'i Press, 2002. 衣笠正晃訳『インティマシーあるいはインテグリティー』法政大学出版局、二〇一六年）。カスリスは、前者を「自己統合型」（integrity）、後者を

「他者親密型」(intimacy)と呼んでいる。近代においては、前者が普遍的なあるべき人間のあり方と考えられ、それが民主主義の基礎であり、後者のような人間観はまだそこに至らない子供のような段階だと考えられた。「日本人は十二歳」というような見方である。しかし、カスリスはそのように二つの人間観を単純に優劣で見ることを否定して、他者親密型もまた、十分に成熟した価値のある人間観として認めるべきだと主張している。カスリスは、日本人の発想にこのような他者親密型の人間観を見たのである。

自己統合型が、西洋・近代・男性・成人をモデルにしているのに対して、他者親密型の人間観は、東洋・前近代・女性・非成人(子供・老人)に典型的に見られるものである。実際、他者親密型の発想は、一九八〇年代にフェミニズムの運動の中で形成された「ケアの倫理」に近いものがある。従来の倫理が、理性によって正しいと判断されたことを、状況に関わりなく押し通すべきだという「正義の倫理」であるのに対して、ケアの倫理では、相互の人間関係の状況の中で、身体的な接触や感情を重視し、配慮や気配りによって対人的な責任を果たすことを倫理的とみる新しい見方を提唱した。そのような態度は、従来女性的とみなされ、正義の倫理よりも一段低いものと見られていた。フェミニズムの中で、そのようなケアの倫理が、状況を考慮しない正義の倫理を批判する新しい倫理として主張されたのである。このようなケアの倫理はカスリスの他者親密型のモデルと近く、実際、両者を結び付ける研究がすでに始められている（Erin McCarthy, *Ethics Embodied : Rethinking Selfhood through Continental, Japanese, and Feminist Philosophies*, Lexington Books, 2010.）。

日本の伝統思想を顧みると、確かに自己統合型よりも他者親密型の発想がはるかに優位に立っている。儒教は、親子・君臣・夫婦・長幼・朋友というように、他者との関係によって、それに対応した行動を取ることを中心的な徳目とする。仏教では、縁起によってすべてのものは関係性の中で形成されると考え、固定した自我を否定するから、きわめて他者親密型の発想に近い。国学者の本居宣長の主張する「もののあはれ」にも同様の面があることは、『紫文要領』（VI章）の項に記した。日本の大伝統に属する思想は決して古臭いものではなく、意外にももっとも新しい現代のケアの倫理の発想と近いのである。

このように、「関係性」ということが、日本の大伝統的な発想の中心にあると見ることができる。日本の仏教が、世俗から一人で離脱することを目指すよりも、世俗の他者との関係に降り立つことを重視するのも、このようなところから理解することができる。人間同士だけでなく、自然との関係もまた親密であり、人間は自然の一部として捉えられる。そればかりか、現世的な人間や自然との関係だけでなく、死者や神仏のように、目に見えない他者との関係も親密なものとして捉えられる。この点において、日本の大伝統の発想は、現代のケアの倫理の枠を超え出ることになる。ケアの倫理はあくまでも現世的な範囲に留まる。

死者や神仏のように、目に見えない他者の領域は、古くは「冥《みよう》」（あるいは「幽」「幽冥」）と呼ばれ、目に見える「顕《けん》」の世界の裏側にあって、「顕」の世界と密接に関係していると考えられてきた。「冥」の領域は、前近代の大伝統においては常識的なことであったが、近代の合理的な発想の中で覆い隠され、排除されるようになった。だが実を言えば、近代の中伝統においても、「冥」の世界を扱う神道がきわめて重要な役割を果たしているのであり、それが表面の言説の世界から消し去られたというに過ぎなかった。それに対して、小伝統では、そのような「冥」を受け入れる装置が作られなかったことで、「冥」の世界は行方を失ってしまった。

こう見てくると、今日、どのような観点から大伝統の発想を見直していけばよいか、おぼろげにその方向が見えてくる。第一に、近代の中で否定的に見られてきた関係的な人間観という観点である。第二に、やはり近代の中で批判され、否定されてきた非合理的な「冥」の世界の復権という観点である。

もちろん、これは一つの見方であり、それで大伝統が尽くされるわけではない。多様なものを無理に一つの枠にはめこむのは適切ではない。本書でも、このような見方を念頭に置きながらも、日本の思想の多様な側面に光を当てようとしている。様々な方面から、日本の伝統思想をもう一度読み直していくことが必要である。

VI

「日本」とはなにか

日本はユーラシア東端の小さな島国であり、前近代には中国文化の圧倒的な影響のもとに曝《さら》され、近代になれば強大な欧米文化の流入を受け止めるのに精一杯の力を使ってきた。その中で、中国と異なり、欧米とも異なる独自性をどこに見出すかは、自己の存立に関わる大問題であった。日本人は日本人論が好きだと言われるが、どこかに自分らしさを見つけて自分を納得させる必要があった。

中国と地続きの朝鮮と異なり、海を隔てていることで、一面では独自の文化を育てることができたと同時に、他面では自己のうちに閉鎖化して、自己満足に陥りやすい。自己満足に陥らず、自己に厳しい目を向けながら、しっかりした自国の伝統の思想と文化を築いていくことは、決して容易ではない。しかし、それができなければ本当の文化は育たない。夜郎《やろう》自《じ》大《だい》に強権を振るい、強さを誇示するような態度は、決して自国を大事にしているとは言えない。

日本の伝統の思想・文化に対する見方は、明治以後の近代(中伝統)の中で大きく変容し、それが固定観念となって、かえって自由な見方が阻害されてしまった。その中で、本章で取り上げた思想家たちは、伝統と格闘し、自分の目で伝統を捉え直そうとしている。今日、その見方にそのまま随従するのでなく、それをまた批判的に受け止め、新しい伝統の捉え方を求めていくことが必要である。

『古事記《こじき》』

生と性の起源の神話

日本最古の歴史書。神代の物語に始まり、人の世の初代・神武天皇から第三十三代推古天皇までのことを記す。

爾《ここ》に伊耶那岐命《いざなきのみことの》詔りたまはく、「我《あ》が身は、成り成りて成り余れる処一処在り。故《かれ》、此《こ》の吾《あ》が身の成り余れる処を以ちて、汝《な》が身の成り合はざる処に刺し塞《ふた》ぎて、国土《くに》を生み成さむと以為《おも》ふ。生むこと奈何《いかに》」とのりたまへば、伊《い》耶那美命《ざなみのみこと》、「然善《しかよ》けむ」と答曰《こた》へたまひき。

そこで、イザナキノミコトが言われるには、「私の身体には出来上がって、余分なところが一箇所ある。だから、この我が身体の余ったところを、あなたの身体の足りないところに刺し塞いで、国土を生み出そうと思う。生むことはどうだろうか」と仰ると、イザナミノミコトは、「それはよいことだ」とお答えになった。

丸山眞男《まるやままさお》の論文「歴史意識の「古層」」（一九七二）は、丸山が東京大学を退職してしばらく沈黙が続いた後の論文で、それまでと異なる記紀神話へと舞台を移し、転向ではないかと話題となった。丸山は、世界の創世神話に「つくる」「うむ」「なる」の三つの類型があるとして、日本神話は「うむ」要素が「なる」方向に偏ったところに特徴を見る。「なる」「つぐ」「いきほひ」というのが、日本の歴史意識の「古層」の発想であり、それが持続低音として今日まで続くというのである。そこには、責任をもって「つくる」態度が日本社会に育たないことへの丸山の絶望が読み取れる。

丸山は、「なる」という発想を『古事記』の冒頭の神々の発生から読み取っているが、人為をはたらかせずに、自然に「なる」がままに任せることに日本文化の特徴を見ることは、ある程度納得がいきそうに見える。しかし、『古事記』自体に戻ってみると、冒頭の神々の発生は、必ずしも典型とは言えない。最初の神々は名前があげられるだけで事績は何もなく、古い由来を持つとは考えられない。イザナキ・イザナミの二神になって、はじめて物語的な展開が始まる。「天の御柱」をめぐってなされる二神の「みとのまぐはひ」によって、いよいよ国土が生まれ、多くの神々が生まれるのである。そうとすれば、「うむ」ことこそ根底に置かれていると見るべきである。

火神カグツチを産んだことで、ホトを焼かれてイザナミが死に、そこでイザナキの黄泉国《よみのくに》訪問の話に移る。蛆《うじ》のたかったイザナミの死体に恐れをなしてイザナキが逃げ出し、それをイザナミと配下の神々が追うが、黄泉比良坂《よもつひらさか》に千引《ちびき》の石を置くことで、イザナキは死者の世界から逃げ切る。「汝《いまし》の国の人草、一日《ひとひ》に千頭《ちかしら》絞《くび》り殺さむ」というイザナミに対して、イザナキは「吾《あ》一日に千五百《ちいほ》の産屋立てむ」と答える。これは、人間世界における死と生の起源であり、生が死を超えて社会の繁栄へと向かうことの予祝的な意味を持つ。「うむ」ことの勝利である。

もちろんその過程に「なる」神々も多数現れるが、農耕社会ということを考えるならば、性と生殖は人口の増加による社会の繁栄とともに、農作物の豊作をも意味して、もっとも根本的な意味を持つ。土偶の女神が多産を象徴していることが思い合わされる。「なる」ことも単なる自然の変化ではなく、穀物が「なる」生命的な営みがイメージされている。そこには、穀物を「つくる」要素さえも入ってくる。

その後の思想史を考えると、仏教は根本においてこのような自然的な性と生殖を否定し、そこからの超越を説く。まさしく仏教は日本人の中に「否定の論理」(家永三郎)を持ち込むのであるが、やがて土着の農耕社会的な発想との合一化の中で、中世には性と誕生を祝福する思想を取り込む。身体論的な発想が展開し、性的合一から母胎で胎児が育ち、誕生することを修行・成仏と同一視する胎内五位説が形成される。

しかし、それは後には異端視され、立川《たちかわ》流というレッテルを貼られて追放される。

それでは、性と生殖の賛美はどこに行くのか。それを受け入れたのが神道であった。土着的な信仰を継承して形成された神道は、農耕社会の共同体に基盤を置き、性と生殖の象徴と儀礼を発展させた。そこにはヒンズー教や道教にも共通する汎アジア的農耕文化の神話空間が広がり、意外にも日本的ナショナリズムの枠は突破されていくのである。

＊倉野憲司／校注『古事記』岩波文庫、一九六三年
＊次田真幸／訳注『古事記』上・中・下、講談社学術文庫、一九七七—八四年
＊中村啓信／訳注『新版 古事記 現代語訳付き』角川ソフィア文庫、二〇〇九年

『古事記』

「序」に、天武天皇が『帝記』『旧辞』として伝わる伝承を稗田阿礼に暗誦させ、文官の太安万侶が文書に記して和銅五（七一二）年に元明天皇に献上したという。翌年、各地の伝承や特産品を報告させる『風土記』の編纂が諸国に命じられ、養老四（七二〇）年には国家の正史『日本書紀』が完成。飛鳥時代の大和国家が律令体制に移行した奈良時代初頭に、皇統を中心として国の由来をまとめたもの。

荻《おぎ》生《ゅう》徂《そ》徠《らい》『学《がく》則《そく》』

異文化を理解するために

徂徠晩年の学問の原則を述べたもの。その中で、第一に挙げられたのは、異文化の言葉と自国の言葉の別をしっかりわきまえることだった。

詩書礼楽《しょれいがく》、中国の言は、吾まさにこれを聴くに目を以てせんとす。すなはち彼を彼とし吾を吾とし、有るを有るとし無きを無しとし、道を直くして以てこれを行はば、以てみなこれを横目の民に被らしむべし。

『詩経』『書経』『礼記』『楽記』という中国の古典の言葉を、私は（訓読するのを）耳に聞くのではなく、（元の文章のままに）黙読して理解しようとする。つまり、異文化の中国語は異文化のものとして、自国の日本語は自文化だと両者の別をはっきりさせ、（詩書礼楽が）中国には有り、日本には無いという違いをわきまえ、正しい方法によってそれを実践するならば、全世界の人に詩書礼楽をすべて普及させることができる。

近年、小学校でも英語を教えることになり、英語教育は盛んだ。他方、国語教育においては文学作品など不要で、契約書が読めればよいという新科目の導入が進められている。国語軽視で英語偏重の傾向が進む。その底には、言葉などというものは単なる道具で、意味が通じればよいという実用主義がある。だが、単に実用的というだけの言葉があるだろうか。それぞれの言葉は長い歴史の中で鍛えられ、文化の重みを担っている。言葉の理解と文化の理解は密接に関わっている。英語で表面的なやり取りができたからと言って、それで異文化の相手を本当に理解できるわけではない。

日本は長い間中国文化の影響下に自国の文化を形成してきた。その中で、中国の古典を読むのに、訓読という独自の方法を開拓した（韓国にも似たやり方があるが）。それは、漢字を訓読みにしたり、語順を変えて読むことで、外国語である中国語をあたかも日本語のように理解するという、大胆な方法である。例えば、「学而時習之」を「学びて時に之を習う」と読んだり、「如是我聞」を「是の如くに我聞けり」と読むようなやり方である。それは奈良時代にはすでに行われており、その後様々な工夫がなされながら、現代でも通用している。この方法によって、日本人は外国語である中国語を面倒な翻訳を通さずに理解でき、中国文化や仏教を異文化としての違和感なしにスムーズに摂取することができた。

しかし、本当にそれが正しい異文化理解の方法であろうか。異文化を異文化として意識せずに、あたかも自国の文化のように受け入れてしまうのは、異文化のとんでもない誤解に導かないであろうか。同じ漢字を使うと言っても、「手紙」が現代中国語ではトイレットペーパーになってしまうくらいの違いがある。そのことをわきまえていないと、相互理解の上ではむしろ危険である。

ほとんどだれも疑わなかった漢文の訓読の危険性に、いち早く警鐘を鳴らしたのが荻生徂徠であった。徂徠は中国古典を正しく理解することを目指した。ところが、古典を読むのに、訓読に拠っていると、そのニュアンスが適切に理解できない。そこで、徂徠は訓読に頼らずに漢文を読むことを、学問研究の第一歩とする。『学則』は、最晩年に出版されたもので、七箇条にわたって自らの学問の原則を記している。その第一則が訓読批判であった。徂徠は自ら当時の中国語の発音も学んでいるが、そこまで行かなくても、少なくとも訓読によって日本語的に読むのではなく、中国語の語順のままに読み、外国語として理解して、翻訳しなければいけないと主張する。

徂徠にとって、中国古典を正しく読むことは、単なる趣味の問題ではなかった。中国古典は聖人によって書かれたものであり、その道は万国共通の真理である。それ故、日本人の偏った見方によらず、あくまでもそれとは異質の中国の思想文化として、正確に読み解き、実践しなければならないというのである。

もっとも、この点は問題になる。はたして中国の聖人が本当に普遍的な真理を確立したと言えるであろうか。日本には中国と異なる道があるのではないか。そこから本居宣長の国学が始まる。しかし、宣長もまた、日本の古代の道を明らかにするには、古代の日本語を正しく理解する必要があるとして、古代語の研究を進めた。言葉と思想・文化の関係を正しく理解するところから出発するという点で、宣長もまた徂徠の影響下に立っていたのである。

＊吉川幸次郎他／校注『日本思想大系　荻生徂徠』岩波書店、一九七三年

荻生徂徠

〔寛文六（一六六六）年―享保一三（一七二八）年〕

江戸中期の儒学者。通称惣右衛門《そうえもん》。物茂卿《ぶつもけい》とも号す。父が徳川綱吉の怒りを買って江戸を放逐され、青年時代を上総に過ごす。三十一歳、柳沢吉保に召され、後には徳川吉宗の諮問も受ける。日本橋茅場町に私塾蘐園《けんえん》を開き、多くの弟子を育て、蘐園学派と称された。『弁名』『弁道』などの儒学の著作の他、吉宗に献上した『政談』がある。

本《もと》居《おり》宣《のり》長《なが》『紫《し》文《ぶん》要《よう》領《りょう》』

ケアの倫理の原形

当時は諸説あって定かでなかった『源氏物語』の作者・紫式部のことをはじめ、「もののあはれ」という観点から注釈した書。

おほかた人の実の情《まことこころ》といふ物は女童《おんなわらわ》のごとく未練に愚かなる物也。男らしくきつとして賢きは、実の情にはあらず。それはうはべをつくろひ飾りたる物也。実の心の底をさぐりて見れば、いかほど賢き人もみな女童に変はる事なし。それを恥ぢてつゝむとつゝまぬとの違ひめばかり也。

おおよそ人の本当の心というものは、女児のように未練で愚かなものである。男らしく確固として賢明なのは、本当の心ではない。それはうわべを繕い飾ったものである。本当の心の底を探ってみれば、どれほど賢い人もみな女児と変わらない。それを恥じて隠すか隠さないかの違いだけである。

一九八〇年代のフェミニズム運動の成果の一つとして、「ケアの倫理」ということが挙げられる。これは「正義の倫理」に対するものである。後者は知的な論理によって構築されるもので、正しいものは状況にかかわらず常に正しいとされて、戦争をも辞さない。それは自律的な個人を重視する男性優位の社会で推し進められた。それに対して、他者との触れ合いの中で生まれる感情を重視し、状況に配慮して対応する生き方は、女性的として低く見られた。それを見直し、「正義の倫理」に対抗させたのが「ケアの倫理」である。今日になってみると、実際に介護や育児など、ケアの発想が不可欠な場が身近に多く生まれ、それればかりか、戦争に対抗する平和の倫理として注目を浴びている。

日本人の伝統的な考え方が、知的・自律的な個人の立場に立つ「正義の倫理」よりも、他者との関係性の中で感情によって動く「ケアの倫理」に適合するのではないかということは、コラム「日本の思想を考える・二」に述べた。実際、そのような発想は日本の伝統的な思想の中にさまざまな形で現れている。本居宣長の「もののあはれ」論は、その典型と見ることができる。

宣長と言えばまず『古事記伝』が挙げられるが、じつは若い頃からずっとこだわってきたのは『源氏物語』で、京都遊学から松坂《まつさか》に帰って最初に手掛けたのが『源氏物語』の講義であった。『紫文要領《しぶんようりよう》』はその成果としての『源氏物語』の概論である。後に浩瀚《こうかん》な『源氏物語玉《たま》の小櫛《おぐし》』を書くが、基本的な発想はすでに『紫文要領』の中に展開されている。それが有名な「もののあはれ」論である。「もののあはれ」の定義を見てみよう。

「さて其の見る物聞く物につけて、心のうごきて、めづらしともあやしとも、おもしろしともおそろしとも、かなしとも哀れ也とも、見たり聞きたりする事の、心にしか思ふてばかりはゐられずして、人に語り聞かする也。語るも物に書くも同じ事也。さて其の見る物聞く物につきて、哀れ也ともかなしとも思ふが、心のうごくなり。その心のうごくが、すなわち物の哀れをしるといふ物なり」

必ずしもすっきりとした定義ではないが、(1)外物に触れて感情が動くこと、(2)「物の哀れをしる」と言われているように、その感情を自覚すること、(3)それを心のうちに閉じ込めておけずに人に語ったりして共有しようとすること、の三つの要素がそこに籠められている。(1)の点では知的な認識と異なること、(3)の点では自己の自立性・完結性が否定されて、他者との共感が不可避であることが示されている。最後の点は、「人の哀れなる事を見ては哀れと思ひ、人のよろこぶを聞きては共によろこぶ、是すなはち人情にかなふ也。物の哀れをしる也」とも言われている。このように、感情重視という点、他者との共感をもととする点で、「ケアの倫理」の発想と一致する。

さらに宣長はジェンダー問題にも論及する。光源氏ら物語の男たちが、「何事にも心弱く未練にして、男らしくきつとしたる事はなく、たゞ物はかなくしどけなく愚か」であって、「其の心ばへ女童《おんなわらわ》のごとく」ではないか、という問いに対して、「おほかた人の実《まこと》の情《こころ》といふ物は女童のごとく未練に愚かなる物」であり、「男らしくきつとして賢き」は、うわべを飾っているだけで、「実の情」ではない、と答えている。女性性こそ人間の本質だというのである。この点でも、フェミニズムの女性論の中から出てきた「ケアの倫理」と一致する。時代を超えた宣長の大胆な先見性には驚くばかりである。

＊子安宣邦／校注『紫文要領』岩波文庫、二〇一〇年

本居宣長 [享保十五(一七三〇)年―享和一(一八〇一)年]

江戸後期の国学者。伊勢国松坂(三重県松阪市)の木綿商の子に生まれる。二十三歳、京都に遊学し、医学・儒学・国学などを学ぶ。二十八歳、松坂に戻り医師を開業、自宅の鈴屋で『源氏物語』の講義を始める。三十四歳、『紫文要領』を完成。その後、約三十五年を『古事記』研究に費やした『古事記伝』、治世論『玉くしげ』などを著し、七十二歳で没。

内村《うちむら》鑑《かん》三《ぞう》『基督《きりすと》信徒《しんと》のなぐさめ』

二つのJから問う愛国

不敬事件などで逆境にあった頃の著作。立場を超えて神の福音のもとに集う無教会主義の端緒となった。

ああ余も今は世界の市民なり。生をこの土《ど》に得しにより、この土の外《ほか》に国なしと思いし狭隘なる思想は、今は全く消失せて、小さきながらも世界の市民、宇宙の人と成るを得しは、余の国人に捨てられしめでたき結果の一にぞある。

しからば宇宙人となりしにより余は余の国を忘れしか。ああ神よ、もしわれ日本国を忘れなば、わが右の手にその巧《たく》みを忘れしめよ。もし子たるものがその母を忘れ得るなれば余は余の国を忘れ得るなり。無理に離縁状を渡されし婦《ふ》はますますその夫《ふ》を慕うがごとく、捨てられし後は国を慕うはますます切なり。

一部の自治体で、学校行事で「君が代」斉唱の際に、それに従わない教員を条例によって厳しく罰するようになった。世間ではあまり抵抗なく受け入れられているようだが、僕は非常に問題があると考えている。

実は同じようなことが、明治時代にもあった。明治二十三（一八九〇）年、教育勅語が発布された。官立の高等中学校は天皇親署の勅語を「奉戴《ほうたい》」し、「奉読」することになった。東京の第一高等中学校では翌年一月に奉読式が行われ、奉読後、教員と生徒が順次壇に上って勅語に敬礼することを求められた。

その時、嘱託教員内村鑑三が拒否し、不敬として糾弾されることになった。それを取り締まる法令も条例もなかったことが今と違うが、その分マスコミや世間の反応が厳しく、内村は辞職を余儀なくされる。

追い打ちをかけるように、東京帝国大学教授井上哲次郎《いのうえてつじろう》が論文「教育と宗教の衝突」を発表し、国家主義の立場からキリスト教批判のキャンペーンを張る。キリスト教は神を第一とするから国家を軽んずるのだと主張して、キリスト教側は防戦に追われる。

同じ頃、私生活の上でも大きな不幸が内村を襲う。再婚して間もなく妻加寿子《かずこ》が病床に臥《ふ》し、いくばくもなく死去する。第一高等中学校に職を得る前に赴任した新潟の北越学館では、外国人宣教師たちと衝突して、以後、教会との間に軋轢《あつれき》を生じていたし、教育事業にかける情熱は容《い》れられず、職を失い、体調も優れない状態が続く。

そうした中で書かれたのが『基督信徒《きりすとしんと》のなぐさめ』であった。その目次を見ると、「愛するものの失せし時」「国人に捨てられし時」「基督教会に捨てられし時」「事業に失敗せし時」「貧に迫りし時」「不治の病に罹《かか》りし時」と、次々と暗い話が続いている。それらは決して架空の話ではなく、すべて当時の内村を襲った実際の不幸であった。あたかも旧約聖書に出るヨブが、これでもかとばかり苦難を与えられ、その中で真の信仰を鍛えられていったのと同様に、内村もまた、それらの不幸の中で人々から見捨てられ、孤独に神と真向かう。「余は余の愛するものの失せしによりて国をも宇宙をも——時にはほとんど神をも——失いたり。しかれども再びこれを回復するや、国は一層愛を増し、宇宙は一層美と荘厳とを加え、神には一層近きを覚えたり」という境地に達する。

国との問題はもっとも厄介であった。逆境の中で、「ああ余も今は世界の市民なり。生をこの土に得しにより、この土の外に国なしと思いし狭隘なる思想は、今は全く消失せて、小さきながらも世界の市民、宇宙の人と成るを得し」と、国境を超えた「世界の市民」の自覚が生まれる。しかし、そこで反転する。「しかれども神よ、もし御意ならば我をして再びわが夫の家（＝日本という国）に帰らしめよ」と、再び日本への愛を甦《よみがえ》らせる。「余もまたこの国に入れられ、この国もまたその誤解を認むるに至らば、その時こそ余の国を思うの情は実に昔日に百倍する時ならん」と、その愛国の情を吐露する。内村にとって、二つのＪ（Jesus と Japan）はいずれも心底から愛し、離れられないものであった。

国を愛する形は一つではない。軍事力や経済力で世界の強国たらんとするだけが愛国心ではない。平和を愛し、心豊かな文化を育て、近隣と仲良くしようとするのも立派な愛国心だ。それを、一定の形式に押し込め、それに従わないのは愛国心がないかのように決め付け、弾圧するのは、それこそ国を亡ぼす元凶ではないか。深刻な反省が求められる。

＊『基督信徒のなぐさめ』岩波文庫、一九三九年

内村鑑三 〔万延二(一八六一)年—昭和五(一九三〇)年〕

高崎藩士の子。二十四歳で渡米し、二十八歳で帰国。三十一歳、第一高等中学校嘱託教員のとき不敬事件が起こり退職。その後、『基督信徒のなぐさめ』などを著す。三十七歳、『万朝報』英文欄主筆。四十一歳、雑誌『無教会』創刊。足尾鉱毒事件、日露戦争反対などの社会批評を活発に行う。七十歳、東京で没。

鈴木大拙《すずきだいせつ》『日本的霊性《にほんてきれいせい》』

戦時下の「日本精神」に抗して

「霊性」の顕現という観点からとらえた日本精神史。太平洋戦争末期に書かれ、戦中に刊行された。禅と浄土教に力点が置かれている。

これを延べ書きにすると、「仏の説き給う般若波羅蜜というのは、すなわち般若波羅蜜ではない。それで般若波羅蜜と名づけるのである」。こういうことになる。これが般若系思想の根幹をなしている論理で、また禅の論理である。また日本的霊性の論理である。ここでは般若波羅蜜という文字を使ってあるが、その代わりにほかのいろいろの文字を持って来てもよい。これを公式的にすると、

AはAだというのは、

AはAでない、

故に、AはAである。

これは肯定が否定で、否定が肯定だということである。

恐らく日本でいちばん知られた仏教者は親鸞で、念仏は日本人にとってもっとも親しみやすい仏教の実践であろう。しかし、海外、とりわけ欧米では、日本の仏教イコール禅と言っていいくらい、禅が親しまれている。

浄土教は阿弥陀《あみだ》仏信仰の構造がキリスト教の一神教に近く、あまり新鮮味がないためであろう。それに対して、禅は欧米にはないタイプの宗教的実践として、キリスト教に飽き足りない人たちを惹《ひ》きつけることになった。その禅を欧米に広める立役者となったのが鈴木大拙である。大拙は若い頃アメリカで暮らした語学力を生かして、数多くの英語の著作や講演によって欧米の禅ブームに火を付けた。

大拙の優れたところは、単なる啓蒙家ではなく、新しく敦煌《とんこう》から発見された唐代の禅文献の研究にいち早く着手した研究者でもあり、西欧の神秘主義や心理学にも通じ、盟友の哲学者西田幾多郎と切磋《せっさ》琢磨《たくま》した思想家でもあったことだ。その著作は、英文・和文を合わせて膨大な量にのぼり、いまだに全貌が解明されていない。

その中で、日本語の主著とされるのが『日本的霊性』である。本書は、「霊性」という術語を用いて日本の宗教的な精神構造を解明したものである。「霊性」という言葉は、スピリチュアリティの訳語として今日ではかなり広く用いられる。特定の宗教の教理に縛られず、体験的に把握される宗教的な人間の本性を意味する。大拙は、法然や妙好人《みょうこうにん》（浄土真宗の篤信者）を取り上げ、そこに日本的な形での霊性の顕《あら》われを見ようとしている。

大拙が本書で用いるまで、「霊性」という言葉はそれほど一般的ではなかった。それをあえて大拙が用いたところには、時代的な背景が考えられる。本書が出版されたのは、戦争末期の昭和十九（一九四四）年であった。大拙は、当時盛んに唱えられていた「日本精神」という言葉に反発して、それでは捉えられない日本の真の姿を表すものとして「日本的霊性」という言葉を用いたのだという。

そこには、軍国主義下の時代迎合を嫌い、奥深い日本の宗教文化を見極めようという強い意志が表明されている。ただ、「霊性」という言葉は、何か霊魂的なものの実在を認めるかのような誤解を招きやすく、仏教では批判的に語られる場合もあるので、注意が必要である。

ところで僕は、従来普及していた岩波文庫版などで本書を読んだ時、何か中途半端で、もう一つ納得できないという印象を持っていた。そこで調べてみると、岩波文庫版は戦後に出た新版によっており、初版本から百ページ以上に及ぶ第五篇を削除していることが分かった。第五篇は「金剛経の禅」という題で、大拙の数多い著作の中でも、もっとも詳しく禅の言語について論じている。削除の理由は明らかでないが、インドの経典や中国の禅が中心に論じられ、『日本的霊性』という書名にふさわしくないと考えたのかもしれない。だが、第五篇が入ってはじめて、大拙の霊性論の全貌が明らかになる。そこで、僕が関わった角川ソフィア文庫版は第五篇を含め、「完全版」として刊行した。

大拙が第五篇で論じているのは、禅の言葉は、「AはAでない、故に、AはAである」という矛盾を含み、通常の日常的な言葉とは異なっているということである。第四篇までは主として念仏者の体験から「霊性」を論じてきたが、第五篇ではそれを禅のほうに引き付けるとともに、言語の論理的な問題として提示している。大拙の言う「霊性」は単に体験だけでなく、それを論理として組み上げようという強靭な思想を伴っているのである。

＊『日本的霊性』岩波文庫、一九七二年
＊橋本峰雄／校注『日本的霊性』中公クラシックス、二〇〇八年
＊『日本的霊性　完全版』角川ソフィア文庫、二〇一〇年

鈴木大拙　〔明治三（一八七〇）年—昭和四十一（一九六六）年〕

金沢藩の藩医の家に生まれる。東京帝大選科時代に禅に傾倒、「大拙」の号を受ける（本名は貞太郎）。二十八歳、渡米し、英文で著述や翻訳を行う。四十歳、帰国。四十一歳、学習院教授。四十二歳、アメリカ人のビアトリスと結婚。五十二歳から九十歳まで現在の大谷大学教授。九十七歳、東京で没。

西田幾多郎《にしだきたろう》『場所的論理と宗教的世界観《ばしょてきろんりしゅうきょうてきせかいかん》』

自己否定から絶対的な他者へ

太平洋戦争末期に著された西田最後の論考。生涯にわたる哲学と禅や浄土教の研究と体験、思索を、独自の概念を駆使して論ずる。

我々の自己とは、何処までも自己矛盾的存在であるのである。自己自身について考える、即ち主語的なるとともに述語的、自己が自己の働きを知る、即ち時間的なるとともに空間的存在である。我々の自己は、かかる自己矛盾において自己存在を有《も》つのである。自己矛盾的なればなるほど、我々の自己は自己自身を自覚するのである。それは実にパラドックスである。此《ここ》に深い問題があるのである。我々の自己は自己否定において自己を有つということができる。主語的方向においても、述語的方向においても有と考えられない、絶対の無において自己自身を有つということができる。

二〇一三年、京都大学総合博物館で開催された「西田幾多郎遺墨展　黙より出でて黙に帰す」を参観した。哲学者西田幾多郎は多数の短歌を作っているが、晩年には書にも熱心に取り組んでいる。硬い神経質な楷書を書くのかと思っていたが、思いきり崩した草書でのびのびと書いていて、ちょっと予想を裏切られた。その哲学もまた、一見がっちりした論理で構築されているようだが、実は思い切ってデフォルメした柔軟な思索の軌跡というべきかもしれない。

西田は日本を代表する哲学者と言われているが、それではその思想の核心がどこにあるのかというと、必ずしも明快でない。「純粋経験」「絶対無」「無の場所」「絶対矛盾的自己同一」など独特の用語ばかりが独り歩きして、難解な文章と相まって、深遠だけれどもよく分からないという定評を生むことになった。

西田というと、まず初期の代表作『善の研究』（一九一一年）が取り上げられるが、本当に独創的な思想が形成されるのは、「無の場所」の観念が出てくる中期以後のことである。西洋哲学が個物（他に依存しない自立的な個体）から出発するのに対し、その個物を容《い》れる「場所」に着目することで、東洋の思想を生かす道が生まれることになった。ごく身近に考えても、僕たちの生は社会や環境によって規定されているもので、そのような「場所」を無視して、個体としての自己を考えることはできない。それは、カスリスのいう「他者親密型」の人間モデルの哲学を深め、他者との関係がどのように成り立つかを考察したものということができる。

西田は、こうした「場所」の観念を突き詰めて「無」に行きつく。具体的な規定を持った社会や環境を超えて、いちばん根源に遡《さかのぼ》ると、どんな言葉でも規定しようがなくなるから、「無」としか言えなくなる。そこには、「有」の根源に「無」を考える『老子』や仏教という東洋の思想が生かされている。

「無の場所」の発見は、他者という問題を考える際に決定的に重要である。僕たちは、他者との関わりの中で生きている。その関わりが、社会という場所において成り立っていることは間違いないが、それだけに留まらない。

他者は社会という場所を超えて「私」に迫るとともに、どうしてもその奥底までは捉えきれないという断絶に直面させる。自己と他者とは、緩衝する媒介なしに直面し、それ故にかえって絶対に同化しきれない深淵におののくことになる。「無の場所」とは、このように無媒介でありながら、同時に無限の距離を持つ他者との関わりを見事に言い当てている。

西田が生涯の最後の力を振り絞って書いた論文が、「場所的論理と宗教的世界観」である。時あたかも日本の敗戦が目前に迫った昭和二十（一九四五）年のことである。

ここで西田は、他者問題をさらに一歩進める。自己はその根底に否定性を含み、その自己否定を通してはじめて他者と関わることができるというのである。それを、「逆対応」という新しい言葉で表している。

ここで考えられている他者は、通常の他の人というよりは、人を超えた絶対存在である神や仏であり、西田は、キリスト教も仏教もすべてに通用する宗教の基本構造を明らかにしようとしている。

西田の生涯は、妻を亡くし、子を亡くし、まさしく「悲哀」に満ちている。もっとも身近で愛《いと》しい者たちが、もはや手の届かない彼方《かなた》に連れ去られるという経験が、その痛切な他者論として結晶している。それは決して無味乾燥な抽象論ではない。今日、他者といかに関わり、他者の喪失にどう向かえばよいかは、かつて以上に切実な問題となっている。西田の哲学は、その問題に新しいヒントを与えてくれるかもしれない。

＊上田閑照／編『西田幾多郎哲学論集Ⅲ　自覚について　他四篇』岩波文庫、一九八九年

西田幾多郎 〔明治三（一八七〇）年—昭和二十（一九四五）年〕

現在の石川県かほく市の庄屋に生まれる。二十二歳、金沢の第四高等中学校を中退し、翌年東京帝大哲学科選科生。二十七歳、第四高等学校教師。その後、山口高校、四高教授、学習院教授等を経て、四十一歳、京都帝大助教授（のち教授）。四十二歳、『善の研究』刊。五十九歳、京都帝大退職。七十六歳、終戦前に鎌倉で没。

丸山眞男《まるやままさお》『日本《にほん》の思想《しそう》』

過去を見据えない現代日本

冒頭の「日本の思想」のほか、「近代日本の思想と文学」「「である」ことと「する」こと」など四編をまとめた論文および講演録集。

近代日本人の意識や発想がハイカラな外装のかげにどんなに深く無常感や「もののあわれ」や固有信仰の幽冥観や儒教的倫理やによって規定されているかは、すでに多くの文学者や歴史家によって指摘されて来た。むしろ過去は自覚的に対象化されて現在のなかに「止揚」されないからこそ、それはいわば背後から現在のなかにすべりこむのである。思想が伝統として蓄積されないということと、「伝統」思想のズルズルべったりの無関連な潜入とは実は同じことの両面にすぎない。

世代論というのはあまり好きではないが、丸山眞男に対する態度は世代による違いが随分と大きい。僕はいわゆる団塊の世代の終わりのほうだが、それより上の世代だと、丸山というと神様扱いで、僕が若い頃、講演で丸山を批判するようなことを言ったら、聴衆の年配の方から「丸山先生を理解していない」と厳しいお叱りを受けた。逆に、僕たちより若い世代だと、丸山はもはや歴史上の人物で、クールな分析対象とされ、いささか拍子抜けする。

その間に挟まった僕たちの世代は、丸山と格闘して正面から対峙《たいじ》しなければならなかった。丸山が全共闘の学生たちに糾弾されたのは有名な話だが、そういう実際行動とは縁のない僕は、丸山の圧倒的な影響を受けながら、そこからどう抜け出すかということに苦しむことになった。

出世作の『日本政治思想史研究』(一九五二)における近世思想の見方、『現代政治の思想と行動』(一九五六―五七)における日本ファシズムの分析など、あまりに見事すぎて、それ以外の見方はほとんど不可能になるほどであった。それ故、その呪縛力はいまだに大きく、僕にしても、ようやく近世に関して、少し違う見方ができるようになったという程度だ。近世は、丸山が取り上げた荻生徂徠や本居宣長のようなビッグネームだけで捉えきれるものではなく、仏教なども含めた諸思想のダイナミックな運動の時代として見られるべきものだ。

『日本の思想』は小著であるが、丸山の日本思想論のエッセンスを明快に説いたものとして、今に至るまでロングセラーとなっている。丸山の指摘や批判は、五十年以上経ってもまったく妥当するし、というか、状況は悪化しているように見受けられる。

丸山が指摘した学問におけるタコツボ型の閉鎖主義は、相変わらず多くの領域を支配している。

「である」ことと「する」ことの矛盾の指摘も鋭い。身分制的な「である」ことの固定性が壊れたことで近代化は進んだが、今度は、すべてが効用や能率という「する」ことの価値観一辺倒になり、その根底を作る理念や思想という「である」ことの基盤が失われてしまった、というのである。このことは、今日一層切実になっている。

それは、過去の思想がきちんと自覚的に受け止められず、「伝統として蓄積されない」が故に、かえって過去の無自覚的な「ズルズルべったりの無関連な潜入」につながる、という指摘と関連する。表面だけの威勢のよいナショナリズムは、じつは自国の文化伝統をまったく無視した空疎なものであり、それ故に過去の誤りがそのまま現在に潜入し、同じ過ちが繰り返されることになる。

本書は直接宗教を論じているわけではないが、仏教をはじめとする宗教の問題もまた、思想として再構築されなければならず、丸山の提示する問題から逃れるわけにはいかない。かつてのように欧米の流行思想をまね、ちょっとしゃれたことを言えば現代思想として通用する時代は終わった。東日本大震災後の厳しい状況は、偽物の思想を洗い流し、本物だけが現実の力となることを証明している。丸山が指摘するように、揺るぎのない自国の伝統をきちんと作っていかなければ、もはや何事も動かないところまで来ている。

それだけに、日本の思想や宗教に関わる者の責任は大きい。過去を見据えて、それをしっかりと批判的に受け止めながら、その上に立ち、これからどのような思想や宗教を築いていけばよいのか、考えなければならない。それは、あえていえば日本の存亡にも関わる大きな問題である。

＊『日本の思想』岩波新書、一九六一年

丸山眞男　［大正三（一九一四）年―平成八（一九九六）年］

新聞記者の次男で現在の大阪市に生まれる。東京帝大法学部卒。二十七歳、東京帝大法学部助教授。昭和十九年、召集を受け陸軍二等兵として入隊。脚気のため除隊するが昭和二十年三十一歳、再召集。広島で被爆。三十七歳、東大法学部教授。政治思想史の研究を通して戦後民主主義のオピニオンリーダーとなる。八十三歳で没。

VII

社会と国家の構想

前章に見たように、日本は強大な文化の周縁にある小さな島国で、常に巨大な文化に対して、それに呑み込まれない自己のアイデンティティを求め続けなければならなかった。そこで、社会や国家を考える際も、他国と異なる日本の特徴に焦点が当てられることになった。その極限的な形が国体論である。国体論は、神の子孫である「万世一系」の天皇の支配に、日本の国家体制の特徴を見ようとするものである。

国体論は近世の天皇論の展開の中で形成されたもので、とりわけ水戸学派の儒者たちの果たした役割が大きい。その代表格が会沢安《あいざわやすし》（正志斎）であり、その思想が吉田《よしだ》松陰《しょういん》などを通して、明治維新を生み出す尊王攘夷《じょうい》の中核的なイデオロギーとなった。明治維新に際しては、もう一つ平田《ひらた》篤胤《あつたね》系の復古神道の流れも大きな役割を果たし、神仏分離を実現させた。しかし、その系統は間もなく政治の中枢から排除され、水戸学派系の国体論が中心となって、近代の天皇制を確立するとともに、国家神道を形成することになった。戦後の改革は、このような近代の国体論を内的に克服することなしに、表面の議論から排除しただけであったから、今日でも真剣な議論がなされないまま、おかしな形で過去が蒸し返される事態となっている。

本章では、国体論の陰で見えにくくなった多様な思想の可能性を含めて、もう一度新たな目で、社会観、国家観の展開を見ることにしたい。

日《にち》蓮《れん》『立《りつ》正《しょう》安《あん》国《こく》論《ろん》』

正しい理念が災害を防ぐ

地震や飢饉などの天災が続いた鎌倉時代に、幕府へ提出された警世の国家論。天下の災いを除き、国家の平安を期すべしと説く。

汝、早く信仰の寸心を改めて、速かに実乗《じつじょう》の一善に帰せよ。然れば則ち三界は皆仏国なり、仏国其れ衰《おとろ》へんや。十方は悉く宝土なり、宝土何ぞ壊《やぶ》れんや。国に衰微なく土《ど》に破壊《はえ》なくんば、身は是れ安全にして、心は是れ禅定《ぜんじょう》ならん。此の詞《ことば》、此の言《こと》、信ずべく崇《あが》むべし。

あなたはすぐに小さな信仰の心を改めて、真実の唯一の善に帰依しなさい。そうすればこの世界はみな仏の国である。仏の国が衰えることはない。十方世界はすべて宝の世界である。宝の世界は壊れることはない。国土が衰えず、壊れないならば、身は安全で、心は安定している。この仏の言葉を信じ崇《たっと》びなさい。

東日本大震災が起こった際に、石原慎太郎東京都知事（当時）が「天罰」と言ったことが問題視された。確かにその発言は被災者に対する配慮に欠けていて、批判されて当然であろう。しかし、氏が言おうとしたことには、もう少し冷静に考えるべきところがあるように思う。それは、人間の力への過信と傲慢に対して、人知を超えた力の発現があったのではないか、ということである。そんなことを宗教専門紙「中外日報」二〇一一年四月二十六日号のコラムに書いたところ、インターネット上で多くの批判が寄せられ、大論争となった。その経緯は、拙著『現代仏教論』（新潮新書、二〇一二年）に記した。

確かに「天罰」という発想は、仏教にはないが、日本の仏教に近い形で災害を考えた議論がある。それは、日蓮の『立正安国論』で、まさしく当時うち続いた天災に対して、どうしてそのような悲惨な事態が起こるのか、という疑問から発している。

その冒頭には、「近年より近日に至るまで、天変地異、飢饉《ききん》、悪病があまねく天下に満ち、地上に広がっている。牛馬は街に倒れ、骸骨が道に溢《あふ》れている。亡くなった人は（人口の）過半数に達し、悲しまない人は一人もいない」と、当時のありさまが記されている。災害の続く今日、身に沁《し》みて読まれるところである。

本書は、このような災害の由来を問う客人に主人が答える問答形式で進行する。主人は「よくよく卑見を傾け、いささか経典を開いてみると、世間が皆正義に背き、人々がすべて悪に帰している。そこで、善神は国を捨てて去り、聖人もこの場所を去って帰らない。そこで悪魔や鬼神がやって来て、災難が起こるのである」と答える。世の不正義が善神を追いやり、悪神を招いて災いが起こるというのである。これが、本書を一貫する日蓮の主張である。

この世界は、そして人間たちは、その背後にある何者かによって守られているのではないか。人間たちが思い上がって、その何者かへの畏敬を失い、自分たちだけで何でもできると思ったとき、その背後の者は、邪悪な者たちによって取って代わられ、その跳梁《ちょうりょう》を許すことになるのではないか。本書はそう訴える。

今日、このように言い出すと、いかにも非近代的でナンセンスな発想と嘲笑されるかもしれない。しかし、そう言い切るところに、すでに近代人の傲慢が潜んでいないか。今こそ、中世の智恵を呼び戻し、自然の背後の見えざる者たちに思いを潜めることが必要ではないのか。

日蓮は『法華経《ほけきょう》』至上主義に立ち、災害を招いた間違った考えの根本は、法然の浄土教にあるとして、徹底的に批判する。これはただちに納得できる議論とはいえず、そのままでは認められない。しかし、国家が正しい理念によって導かれなければならないということは、今日でも通用する。一見天災に見えることも、実は誤った考え方による人災であることは多い。

ここで注意されるのは、日蓮は決して法然の一派を武力で弾圧せよといっているのではないことである。日蓮は、法然一派に国家が経済的な援助を与えることをやめるようにと訴えている。日蓮は、しばしば誤解されるような戦闘的な原理主義者ではない。平和で安穏な世の中をどうしたら作れるかという願いのもとに歩んでいたのだ。それが激しい弾圧を被ったのは、あまりに純粋で妥協を許さなかったからだ。流罪にされた佐渡の厳しい自然の中で、日蓮の思想と信仰は一層深められる。それは仏の教えを根源から受け止める菩薩の道であった。そこまで知って『立正安国論』を読み直すと、さらに味わい深いものがある。

＊戸頃重基・高木豊／校注『日本思想大系 日蓮』岩波書店、一九七〇年
＊佐藤弘夫『日蓮「立正安国論」全訳注』講談社学術文庫、二〇〇八年
＊小松邦彰／編『日蓮「立正安国論」「開目抄」ビギナーズ日本の思想』角川ソフィア文庫、二〇一〇年

日蓮〔貞応一（一二二二）年―弘安五（一二八二）年〕

日蓮宗の開祖。安房小湊（千葉県鴨川市）に生まれ、十六歳で安房の清澄寺で出家。十七歳から鎌倉、比叡山などに遊学。三十二歳、清澄寺で立教開宗。三十九歳、『立正安国論』を著す。迫害を受け、五十歳のとき佐渡配流。赦免後、甲斐国身延（山梨県身延町）に隠棲。六十一歳、池上（東京都大田区）で没。

吉田《よしだ》松陰《しょういん》『講孟余話《こうもうよわ》』

古典との格闘から実践へ

長州萩藩の獄に幽囚された安政二（一八五五）年から翌年の自宅謹慎中に行った『孟子』の講義。当初は『孟子』の講義録の意味で「講孟劄記」といった。

仁と道とは五穀なり。富国強兵善戦善陳は烏頭大黄《うずだいおう》なり。王者は良医なり。故に五穀を以て人を養ふて、烏頭大黄を以て病を駆除す。世主は妄医なり。故に五穀を辟絶《へきぜつ》して烏頭大黄を以て人を残《そこな》ふ。

仁と道とは常食たる五穀のようなものである。富国強兵を図り見事な戦陣を張るのは、劇薬の烏頭や大黄のようなものである。真の王たる者は良医である。それ故、五穀によって人々を養い、烏頭・大黄によって病気を駆逐する。凡庸な世の指導者は妄医である。それ故、五穀を与えず、烏頭・大黄を与えて人々を損なっている。

明治維新というのが、どうも好きになれない。一部の藩士が暴力によるクーデターで権力を握り、天皇を笠に着て強権を振りかざし、西洋の猿まねをしながら、侵略国家へと突き進むことになる。――少し過激に言えば、そういうことではなかったか。吉田松陰と言えば、そのもとを作ったテロリストの大親分で、あまり読みたくない。そう思っていた。

ところが、必要やむなく『講孟余話』（『講孟割記』）を手にしたところ、これがおもしろい。まさしく巻を措《お》くことあたわず、興奮しながら読み終えてしまった。儒教の古典『孟子』の講義であるから、『孟子』の本文を知らないと、よく分からないところも多いが、とりあえずは飛ばし読みでいい。

巻頭、「経書を読むの第一義は、聖賢に阿《おも》ねらぬこと要《かなめ》なり。若し少しにても阿ねる所あれば、道明ならず、学ぶとも益なくして害あり」と、いきなりガーンと不意打ちを食らって、決められてしまう。古典と向き合うということは、一体どういうことなのか。もちろん研究者として、文字の穿鑿《せんさく》をするのが悪いわけではないし、僕もそれを生業としてきた。しかし、本筋のところは、文字に拘《こだわ》るのではなく、その裏にある聖賢の懐に飛び込み、正面から格闘して、自分の生き方を新たに作り直すのでなければならない。松陰は見事にそれをやってのけた。

『孟子』の講義は、松陰が下田のアメリカ軍艦に乗り込もうとして失敗して、野山獄に囚われていた時に始まった。囚人仲間で読書会をして『孟子』を読み、藩や幕府を散々こき下ろすのも痛快だ。出獄後に身内を相手に講じられた後半よりも、獄内で講じた前半のほうが、「今、吾輩獄に坐し、良師に従て道を聞くことを得ず」(十一月十四日・離婁下第二十二章)という屈折と内省がある分だけおもしろい。

核心となる思想は、「道は天下公共の道にして所謂同なり。国体は一国の体にして所謂独なり」(六月十日夜・尽心下第三十六章)と言われるように、「同」(世界的普遍性)と「独」(一国の特殊性)とは別ものだということで、後者が「国体」である。日本は、神代以来不変の国体を有していて、それを自己のアイデンティティとして立っていかなければならないというのである。その国体論は水戸学派から継承されたもので、明治国家に流れ込んでいくことになる。

それはそれで検討を要する大きな問題であるが、本書ではその国体論が抽象的、論理的に論じられているわけではない。本書の魅力は、歴史の大転換期の中で試行錯誤しながら政治の本筋を求め、そこで個人がどのように生きたらよいのかという倫理を徹底的に追究したところにある。例えば、松陰は仁と道に従った政治を五穀に譬《たと》え、富国強兵を烏頭《うず》・大黄《だいおう》(トリカブトの根やタデ科の草。薬草だが使いすぎると毒になる)

に譬えている。五穀は人を養うが、病気の時は烏頭・大黄が必要である。王者は良医として、それを適切に使わなければならない。やみくもの富国強兵は危険である（四月十五日・告子上第九章）。ここには、非常に現実的でありながらも、あくまでも仁や道を根本に置く政治倫理が生きている。

明治維新後に活躍する伊藤博文《いとうひろぶみ》らと較べると、松陰は中国古典に正面から取り組み、そこから政治の理念や自らの生き方を導き出すことのできた最後の世代に属している。伝統を見失った今日、古典と格闘する松陰の姿勢に改めて学ぶべきところは大きい。

＊広瀬豊／校訂『講孟余話（旧名講孟劄記）』岩波文庫、一九三六年
＊近藤啓吾／訳注『講孟劄記』二巻、講談社学術文庫、一九七九―八〇年
＊松本三之介・松永昌三・田中彰／訳『講孟余話ほか』中公クラシックス、二〇〇二年

吉田松陰 〔文政十三（一八三〇）年―安政六（一八五九）年〕

長州藩士・思想家。萩城下に生まれ、儒学や兵学を学ぶが、西洋兵学の優位を知り、江戸に出て佐久間象山に師事。二十五歳、ペリー艦隊で渡米しようとして失敗。藩の野山獄に投獄。二十六歳、出獄を赦されるが生家に幽閉。二十七歳、生家で松下村塾を開く。二十九歳、倒幕を主張して再び野山獄に投獄。三十歳、江戸に護送され、伝馬町牢屋敷で斬首。

中山《なかやま》みき『みかぐらうた』

人間平等を説く女性の力

みき自らしたためた千七百余首の「おふでさき」、手振りで歌う「みかぐらうた」、折々の「おさしづ」は、天理教の聖典をなし、天地の始めや人の道を語る。

このたびは　かみがおもてへ　あらハれて
なにかいさいを　ときゝかす
このところ　やまとのぢばの　かみがたと
いうていれども　もとしらぬ
このもとを　くはしくきいた　ことならバ
いかなものでも　こいしなる
きゝたくバ　たづねくるなら　いうてきかす
よろづいさいの　もとなるを
かみがでゝ　なにかいさいを　とくならバ
せかい一れつ　いさむなり
一れつに　はやくたすけを　いそぐから
せかいのこゝろも　いさめかけ

日本の思想史や仏教史を研究していて物足りなく思うことは、女性がほとんど出てこないことだ。もちろん光明《こうみょう》皇后のようにカリスマ化され、崇拝対象となる女性もいたし、無学祖元《むがくそげん》の法を継いだ無外如大《むがいにょだい》のような尼僧も有名だ。しかし、思想家といえる女性はほとんどいないし、時代をリードした指導的な女性も見当たらない。仏教は強固な男性優位の伝統を維持してきた。それは、日本だけでなく、他の仏教国においても同じで、女性が活躍しだすのは、ごく最近のことである。

そうではあるが、邪馬台国《やまたいこく》の卑弥呼《ひみこ》がシャーマン王であったように、女性のほうが宗教的資質に富んでいるともいえる。そのような女性の宗教的能力が一気に開花するのは、江戸時代になってからである。すでに十七世紀に、江戸の商家の女中お竹《たけ》が、大日如来の化身として尊崇された「お竹大日」の例が見られる。幕末近くなると、女性が神がかりして教えを説くようになる。

その最初は、尾張《おわり》の農家の女性きのが自ら金毘羅《こんぴら》と名乗り、如来の教えを説くようになったことで、きのは「一尊如来」と尊称され、後に如来教へと発展した。近世は封建制度の下で女性が抑圧されていたが、同時に次第に女性の素養も高まり、既成の宗教や道徳の枠を外れたところで、その力が噴出した。

女性による宗教の創唱の典型は、天理教《てんりきょう》の開祖中山《なかやま》みきである。みきは大和の地主の主婦であったが、長男の足の病気を治すために山伏の祈禱を受けた時、自ら神がかりして「天の将軍」がみきの身体を「神の社」としてもらい受けると宣言した。みき自身思いも寄らないことで、幾度も自殺を図り、家は没落して、貧乏のどん底に落とされた。

しかし、病気治しと安産の祈禱に力を発揮して、次第に信者を増やしていった。これまでひたすら忍従するだけだった女性が、神の力によって既存の秩序を打ち壊して男たちを屈服させ、その教えにひれ伏させたのである。

その教えは単なる現世利益《げんぜりやく》を超えて、神のこの世界への顕現を説き、哲学的で社会批判を含んだ教理へと展開していく。明治維新直前の『みかぐらうた』では、「かみがでゝなにかいさい（委細）をとくならバ　せかい一れつ　いさ（勇）むなり」と、神のもとで世界は平等とされ、「一れつにはやくたすけを　いそぐから　せかいのこゝろもいさめかけ」と、世界中が力を合わせて急いで世直しに尽くさなければならないという終末論的な救済観が表明されている。

維新後も、七十代のみきは自ら筆を執って『おふでさき』によって教えを広めるとともに、その地元（奈良県天理市）を聖地として、陽気暮らしの理想世界を作る作業を推し進めた。思想の中核には「せかい一れつ」の平等主義があり、権力者である

「高山」の横暴を誡《いまし》め、「谷底」の民衆の救済を説くものであったから、激しい弾圧を受け、みきは何度も投獄された。それでも教えを曲げることなく、亡くなった。

みきだけでなく、新宗教の世界では女性が活躍する。大本教《おおもときょう》の開祖である出口《でぐち》なおは、京都府綾部の大工の妻であったが、極貧生活の中で神がかりし「艮《うしとら》の金神《こんじん》」のお告げを伝えるようになった。娘婿の王仁三郎《おにさぶろう》とのコンビで大教団へと発展したが、なお没後、その神話が天皇制否定につながるというので大弾圧を受け、一時は壊滅に近い状態に追い込まれた。

既成の宗教が硬直した教義と組織に縛られる中で、女性の力を最大限生かし、自由な思想と行動を展開してきた新宗教の世界は、改めて見直すべき魅力に満ちている。

＊村上重良・安丸良夫／校注『日本思想大系　民衆宗教の思想』岩波書店、一九七一年
＊『みかぐらうた　おふでさき』東洋文庫、平凡社、一九七七年

中山みき　〔寛政十（一七九八）年―明治二十（一八八七）年〕

天理教の教祖。大和三昧田村（奈良県天理市）の庄屋・前川家に生まれ、十三歳で隣村の中山家に嫁ぐ。四十一歳、「天の将軍・天理王命」が憑依。六十七歳、集会所「つとめ場所」を建築。「あしきをはろうて　たすけたまえ」などの『みかぐらうた』を作り、七十二歳から『おふでさき』を書く。九十歳で没。

福《ふく》沢《ざわ》諭《ゆ》吉《きち》『文《ぶん》明《めい》論《ろん》之《の》概《がい》略《りゃく》』

日本に宗教はあるのか

旧弊打破のため、として著された西洋文明の概略。「文明の本旨を論ず」「西洋文明の由来」「日本文明の由来」「自国の独立を論ず」など十章からなる。

宗教は人心の内部に働くものにて、最も自由、最も独立して、毫《ごう》も他《た》の制御を受けず、毫も他の力に依頼せずして、世に存すべきはずなるに、我日本に於ては即《すなわ》ち然らず。元来我国の宗旨は、神仏両道なりという者あれども、神道は未だ宗旨の体《たい》を成さず。たとい往古にその説あるも、既に仏法の中に籠絡《ろうらく》せられて、数百年の間、本色を顕わすを得ず。（中略）とにかくに古来日本に行われて文明の一局を働きたる宗旨は、ただ一の仏法あるのみ。然るにこの仏法も初生の時より治者の党に入《いり》て、その力に依頼せざる者なし。

「天は人の上に人を造らず、人の下に人を造らず、といへり」という福沢諭吉の『学問のすゝめ』のメッセージは、志を抱く日本中の若者たちを奮い立たせた。身分に縛られた封建制度から解放され、希望に満ちた文明開化の時代の幕開けである。そこで目指される文明社会とは何か。それを明らかにしたのが、『文明論之概略』である。

その緒言で、福沢は「文明論とは、人の精神発達の議論なり。その趣意は、一人の精神発達を論ずるにあらず、天下衆人の精神発達を一体に集めて、その一体の発達を論ずるものなり」と定義する。文明とは個人が発達するように、社会が全体として野蛮の状態を脱して、発達することである。その発達には限りがない。何と明るく、楽観的な時代であったことか。

そして、文明に達するには、西洋をお手本としなければならない。確かに西洋がすべてよいわけではない。しかし、今の世界で頂上に達しているのは西洋しかない。だから、西洋を目的として、そこに達することを目指さなければならない。この点もきわめて明快で、ためらいがない。

それだけならば、西洋の物まねというにすぎない。しかし『文明論之概略』が今読んでもおもしろいのは、その目で今度は日本の文明の歴史を振り返り、鋭利な批判を行っていることだ。例えば、日本は権力の偏重が強く、独立市民としての気概がないという批判など、今でもそのまま当てはまりそうだ。

仏教に関しても手厳しい。「宗教は人心の内部に働くものにて、最も自由、最も独立して、毫も他の制御を受けず」というのがあるべき姿だが、日本の神道も仏教もとてもそうは言えない。大寺院は天皇や将軍に媚《こ》び、政府から位をもらい嬉々としている。仏教は愚かな人心を緩和する方便の役にしか立たない。それでは「日本国中既に宗教なしというも可なり」と言わなければならない。福沢の批判は、仏教界には耳が痛い。

明治維新とともに、仏教界は厳しい状況に立たされた。寺檀《じだん》制度のもとで幕府の保護にあぐらをかいてきたのが、新政府のもとでその特権が剝奪《はくだつ》された。神仏分離と廃仏毀釈《きしやく》の打撃も計り知れない。その中で、仏教教団も改革に向かわざるを得ない。先頭に立ったのは真宗系であった。

いち早く西洋の宗教事情を視察した浄土真宗本願寺派の島地《しまじ》黙雷《もくらい》の指導で、真宗系が連合して政府の宗教政策に反旗を翻し、信教の自由と政教分離を勝ちとった。その際、島地もまた、福沢と同じく、宗教は心の内面に関わるもので、それ故、人間の外面を扱う政治が立ち入ることのできない自由の領域だと主張した。「宗教」という言葉が一般化したのもこの頃である。

だが、本当に「宗教」は心の内面の問題だけに限られたのだろうか。明治以後、寺檀制度は国家的な制度としてはなくなったはずなのに、多くの日本人は個人の内面的な信仰以前に、家の墓地を管理する寺院に対し、檀家という形で仏教に関わり続けた。いわゆる葬式仏教である。そこには、前近代の名残というだけでは済まされない、仏教の重要な社会的機能があったと考えられる。近代の家父長的な「家」制度は、仏教による先祖の墓と位牌《いはい》の管理の上に成り立っていたのではないか、というのが僕の仮説である。

もしそうだとすれば、「家」の制度が崩壊した今日、仏教は今度こそ本当に大きな試練に立たされていると言わなければならない。福沢の批判が改めて呼び起こされる所以《ゆえん》である。

＊松沢弘陽／校注『文明論之概略』岩波文庫、一九九五年
＊齋藤孝／訳『現代語訳　文明論之概略』ちくま文庫、二〇一三年
＊先崎彰容／全訳『文明論之概略　ビギナーズ日本の思想』角川ソフィア文庫、二〇一七年

福沢諭吉 ［天保五（一八三四）年―明治三十四（一九〇一）年］

豊前国中津藩（大分県中津市）の下級藩士の子。二十一歳、長崎で蘭学を学ぶ。二十五歳、江戸で蘭学の私塾（慶應義塾大学の基礎）を開く。二十七歳、幕府の軍艦咸臨丸で渡米。その後、幕府の遣欧使節団などで渡欧・渡米。四十七歳、交詢社を興す。四十九歳、『時事新報』発刊。六十八歳、東京三田で没。

清沢《きよざわ》満之《まんし》『倫理《りん》以上《りいじょう》の根拠《こんきょ》』

国家道徳と宗教の相克

倫理と宗教、自己と絶対無限者の関係を問い続けた清沢。私塾浩々洞で起こした精神主義運動の雑誌『精神界』に発表した論文の一つ。

倫理と云うものは其根拠が人と人との関係であるから、到底其《それ》のみにては相対有限の範囲を脱することが出来ない。種々の理義を比較して、其《その》大小軽重を考え、其最大最重なるものは何である、と云う迄《まで》進みても、尚《なお》、是れ相対有限的のものである。忠孝は最も大切なる理義であると迄は云えようが、尚、忠孝が絶対無限のものであるとは云えぬ。畢竟《ひっきょう》するに、絶対無限と云うことは倫理上に立つものではなくして、倫理の実行が、絶対無限、即ち倫理以上の根拠の上に立たねばならぬのである。

先に述べたように（VI章）、内村鑑三の「不敬事件」に対して、東京帝国大学教授の哲学者井上哲次郎は、「教育と宗教の衝突」論争を仕掛け、キリスト教は出世間的な宗教を第一義として、国家や忠孝の道徳を軽んじると、キリスト教批判を展開した。井上は、仏教は国家や忠孝を重んじるとして許容したので、当時の仏教者は多く井上の尻馬に乗ってキリスト教を攻撃した。だが、仏教もまた、国家道徳を究極と見るわけではなく、最終的には出世間的な立場を第一義とする。国家道徳の下位に甘んじるとしたら、仏教の本質的なところが否定されてしまう。

仏教側がこの問題を深刻に考え、道徳倫理との相克の中で宗教のあり方を論ずるようになったのは一九〇〇年前後である。日清・日露両戦争間で、日本の国家体制が整い、列強の一角に食い込むとともに、もう一方では自由な政治活動への弾圧が強くなる。そこで、学生や知識人の目が、外の政治や国家から内面に向かう。キリスト教に立ち遅れていた仏教もようやく思想面で独自のものを見いだし、清沢満之、田中智学《たなかちがく》、高山樗牛《たかやまちょぎゅう》、鈴木大拙らが活躍を始める。

なかでも、倫理と宗教の問題を正面から受け止めたのが清沢満之である。在家から真宗大谷派に入った清沢は、東京帝国大学で哲学を学び、『宗教哲学骸骨』（一八九二年）で浄土教を哲学的に理論化しようとした。その後、教団改革運動に挫折し、自らも結核のために療養を余儀なくされたが、その間内省を深め、明治三十三（一九〇〇）年には彼を慕う暁烏敏《あけがらすはや》らと、東京本郷に浩々洞を結んで共同生活に入り、翌年雑誌『精神界』を発刊して、新しい宗教運動を起こした。

創刊号に発表された「精神主義」はその宣言であり、その中で清沢は、「精神主義は自家の精神内に充足を求むるものなり」と述べ、精神内において「絶対無限者」と出会うことを究極の目標とした。別の文章では、それを「内観主義」と呼んでいる。

第二号の「万物一体」では、世界中のあらゆるものが関係しあって一体となっているので、道徳的に、私はあらゆるものに対して責任があると説き、その全責任を負いきれないことから罪悪の感覚となり、そこに道徳から宗教への転換が起こるとしている。道徳だけでは行き詰まり、そこに宗教の必然性が生まれるというのである。

「倫理以上の根拠」では、倫理道徳と宗教の関係について、さらに詳しく論じている。倫理は「人と人との関係上に存するものゆえ、何れも皆、相対有限なるものである」として、倫理の実行には、「絶対無限、即ち倫理以上の根拠の上に立たねばならぬ」と、倫理を超えた宗教に裏付けられることが必要だと説いている。国家道徳を宗教より上に位置付けた井上らの説に対して、正面から反駁《はんばく》したものといえる。

後に弟子の暁烏敏らが戦争協力に走ったために、清沢の説もしばしば批判される。

特に、「宗教的信念の必須条件」は、宗教と倫理の領域を二分化して、宗教に入るためには世俗の倫理は否定されるが、ひとたび宗教的信念が確立したならば、その後は世俗倫理に従って国家のために戦争に行くのもよいと認めている。そのために評判が悪いが、最近の山本伸裕氏の研究により、この文章には暁烏の手が入っていて信頼できないことが判明した（『「精神主義」は誰の思想か』法藏館、二〇一一年）。「倫理以上の根拠」に従う限り、清沢は単純に宗教と倫理の領域を二分化するのではなく、世俗倫理にも宗教の基礎づけが必要と見ている。政治や世俗倫理だけでは解決のつかないさまざまな問題が顕在化しつつある今日、この清沢の説は傾聴に値する。

＊安冨信哉／編、山本伸裕／校注『清沢満之集』岩波文庫、二〇一二年
＊『精神主義ほか』中公クラシックス、二〇一五年
＊今村仁司／翻訳『現代語訳　清沢満之語録』岩波現代文庫、二〇〇一年
＊藤田正勝／訳『現代語訳　精神主義』法藏館、二〇〇四年

清沢満之　〔文久三（一八六三）年—明治三十六（一九〇三）年〕

尾張藩士・徳永家に生まれる。十六歳、真宗大谷派の僧侶になる。二十六歳、西方寺（愛知県碧南市）の女婿。清貧生活を実践し、三十四歳、京都白川村に移住して宗門改革運動を行う。三十七歳、東京で私塾浩々洞を開く。三十九歳、雑誌『精神界』創刊。肺結核が悪化し、四十一歳、西方寺で没。

『国体《こくたい》の本義《ほんぎ》』

大いなる和の精神

和と「まこと」、国土と国民生活、国民性、祭祀と道徳、国民文化、政治・経済・軍事など、日本および日本人の歴史と文化の特質を古代に遡って説く。

我が国の和は、理性から出発し、互に独立した平等な個人の械械的な協調ではなく、全体の中に分を以て存在し、この分に応ずる行を通じてよく一体を保つところの大和である。従ってそこには相互のものの間に敬愛随順・愛撫《あいぶ》掬育《きくいく》が行ぜられる。これは単なる機械的・同質的なものの妥協・調和ではなく、各々その特性をもち、互に相違しながら、而もその特性即ち分を通じてよく本質を現じ、以て一如《いちにょ》の世界に和するのである。即ち我が国の和は、各自その特質を発揮し、葛藤と切磋琢磨とを通じてよく一に帰するところの大和である。特性あり、葛藤あるによつて、この和は益々偉大となり、その内容は豊富となる。

強大な力をもった欧米の国々の脅威に曝《さら》され、無理やり背伸びしてでもその中に加わろうとする中で、近代日本の国民国家は綱渡り的な危うさを伴いながら形成されていく。それが成り立つための国民のアイデンティティの中核に置かれたのが、「万世一系」の天皇の統治する国という「国体」の観念であった。欧米諸国がどんなに威張っても、神の子孫が絶えることなく一貫して統治し続けたのは我が日本だけであり、その「国体」を臣民すべてが一丸となって守り、発揚していかなければならない、というのである。

明治期には欧米に追い付くことが至上命令であったが、昭和になるといささか風向きが変わる。第一次世界大戦を契機に、「西洋の没落」が深刻な問題となり、近代への懐疑が西欧世界を覆う。それを受けた日本の知識人の間では、没落した西洋に対して、これからの世界を牽引《けんいん》していくのは日本だという「世界史的使命」が語られるようになる。「近代の超克」（『文學界』）「世界史的立場と日本」（『中央公論』）（ともに一九四二年）という二つの雑誌の座談会が、戦争遂行へ向けて、イデオロギー形成に大きな力を発揮したことはよく知られている。

『国体の本義』は、明治末以来醸成されてきた「国体」論を昭和の状況の中で再編し、総合したもので、これらの座談会の先蹤《せんしょう》となるものである。文部省編纂で学校などを通して広く普及したにもかかわらず、GHQで禁書にされた上に、固有名による著作でないために、戦後ずっと無視されてきた。しかし、黒板勝美《くろいたかつみ》・和辻哲郎・宇井伯寿《ういはくじゅ》・久松潜一《ひさまつせんいち》ら、東京帝国大学の超一級の学者たちが関与しており、水準的にも決して低いものではない。

本書の特徴は、「国体」を政治次元の問題としてだけでなく、思想や文化の問題に立ち入って日本固有のあり方を追求したところにある。とりわけ「万物融合の上に成り立つ」という「和の精神」に根本を置くところが注目される。それは、西洋の個人主義に対抗するものである。個人主義が最終的に「万人の万人に対する闘争」に帰結するのに対して、「和」の立場では、個は「全体の中に分を以て存在し、この分に応ずる行を通じてよく一体を保つところ」に成り立つという。

日本は「和の精神」のもとに、外来の儒教や仏教を自らのうちに取り込んできた。西洋の学術もまた、有効に学んできた。対立ではなく、融和こそが求められる。たとえ時に武力を用いなければならないとしても、目指すところは平和である。「我が国の和の精神が世界に拡充せられ、夫々の民族・国家が各々その分を守り、その特性を発揮する時、真の世界の平和とその進歩発展とが実現せられるであらう」と、その理想が表明される。こうした記述を見ると、そのまま戦後の日本人論・日本文化論の中に持ち込まれてもおかしくない感じがする。戦後の平和主義にさえ繋《つな》がりそうである。

そのうるわしい日本文化の美点が、天皇にすべてが統合される国体論の理論的展開として語られる。その国体は、皇祖アマテラスが皇孫ニニギを遣わす天孫降臨にはじまる神話世界に根拠を持ちつつ、日本の歴史全体を通して表現されてきたという。このように、明治以来蓄積されてきた神話論・歴史論・文化論等が、すべて集大成され、総合的な日本論とも言うべきものが作り上げられている。国体論は、明治以来の最高の頭脳が寄り集まって作り上げた精巧な体系である。「臭いものに蓋」で、目をつぶって済ませられるような杜撰《ずさん》な理論ではない。そのプラスもマイナスも、今日改めてしっかり検討しなければならない。

＊国立国会図書館デジタルコレクション「国体の本義」
http://dl.ndl.go.jp/info:ndljp/pid/1156186
＊J―TEXTS　日本文学電子図書館「国体の本義」
http://www.j-texts.com/showa/kokutaiah.html

『国体の本義』

昭和十（一九三五）年、政府は憲法学者・美濃部達吉の天皇機関説を天皇の絶対性を否定するものとして弾圧し、美濃部の著書を発禁処分とした。それとともに万世一系の天皇が日本の統治権の主体であることを「国体明徴声明」で発表。文部大臣を会長に教学刷新評議会を設置し、昭和十二年に『国体の本義』を文部省から刊行した。戦後、ＧＨＱによって発禁となる。

『日本《に》本《ほん》国《こく》憲《けん》法《ぽう》』

象徴天皇と平和の由来

戦争放棄を謳う前文に続き、「第一章　天皇」以下、全百三条より成る。天皇は統治権を総攬する元首から日本国民統合の象徴となった。

日本国民は、恒久の平和を念願し、人間相互の関係を支配する崇高な理想を深く自覚するのであって、平和を愛する諸国民の公正と信義に信頼して、われらの安全と生存を保持しようと決意した。われらは、平和を維持し、専制と隷従、圧迫と偏狭を地上から永遠に除去しようと努めている国際社会において、名誉ある地位を占めたいと思う。われらは、全世界の国民が、ひとしく恐怖と欠乏から免かれ、平和のうちに生存する権利を有することを確認する。

日本国憲法が公布されて七十年以上になる。大日本帝国憲法が明治二十二（一八八九）年に制定されて、廃止されるまで五十八年だったことを考えると、それよりもずっと長寿である。しかし、明治憲法が天皇の名のもとに強力な強制力をもって定着したのに対して、日本国憲法は常に不安定な状態に置かれ続けてきた。昭和三十（一九五五）年に自由民主党が誕生して政権を握って以来、政権与党がずっと改憲を党是としながら改憲されないという落ち着かない状態が続いてきた。

それでは、日本国憲法がまったく定着していないのかというと、そうでもない。二〇一五年の安保法制制定に対する反対運動を見ても、かつての安保闘争のような激しさはなかったものの、一部の活動家でなく、ふつうの市民の中にかなり強い護憲意識が定着しているように見受けられた。一主婦のアイディアから日本国憲法がノーベル賞の有力候補にまでなったことは、第九条が日本人の誇りとなりうることを証した。

日本国憲法は確かに奇妙な憲法である。冒頭に八条にもわたって天皇条項が続くが、どうして「象徴」に過ぎない天皇の規定が最初に長々と続くのか不思議だ。その後、第九条の平和条項が来て、ようやく第十条から主権者たる国民の権利と義務に移る。明治憲法がまず統治者である天皇に関する規定を定め、それから臣民の権利と義務へと進む方がずっと論理的に筋が通る。日本国憲法では、天皇制の温存と軍備の解体という米国の意図が先行することで、筋のはっきりしない構成となってしまった。

明治憲法は、神話に根拠を持つ「万世一系の天皇」ということに軸を求めた。それに対して、日本国憲法はどこに思想的根拠を求めるのであろうか。憲法前文には、「日本国民は、恒久の平和を念願し、人間相互の関係を支配する崇高な理想を深く自覚するのであって、平和を愛する諸国民の公正と信義に信頼して、われらの安全と生存を保持しようと決意した」と格調高く謳いあげる。そこでは、「政治道徳の法則は、普遍的なものであり」と、その普遍性に根拠が求められる。だが、本当に普遍的な法則というものがあるのだろうか。「平和を愛する諸国民の公正と信義」がそれほど信頼に値することだろうか。今日ではそのような楽観論は通用しなくなっている。

それでは、普遍性が崩れた時に、どこか他に根拠を求められるであろうか。明治憲法が日本の伝統の中にその国家体制の根拠を求めたのに対して、日本国憲法は、どこまでも人類の普遍性に依拠し、過去の日本の伝統を完全に切り捨てる。戦前の体制を全面的に否定したことから、戦前だけでなく、それ以前の日本の伝統まですべて廃棄してしまった。そこで、普遍的な法則という前提が崩れた時、その思想的根拠を求める場がどこにもないことになる。だから戦争放棄にしても、思想的根拠のないまま、戦争はいやだという感情論に訴える以外の道がなくなるのである。

それでは、普遍的法則の効力がなくなると、日本国憲法は瓦解してしまうのだろうか。そう簡単にも言えない。歴史を振り返り、明治を飛び越えて江戸時代まで戻るならば、そこでは二世紀半に及ぶ長い平和な時代が続き、一切海外派兵を行わなかった。また、天皇は儀礼的権威に留まり、政治は幕府が行うという象徴天皇制に似た体制が採られた。意外にも、日本国憲法は近世の体制に繋がる面を持っている。日本の大伝統では、王権が朝廷と幕府に二元化し、両者のバランスによって過激化を防ぐという構造になっていた。中伝統では、それを天皇のもとに一元化することで、極端に突走った。小伝統ははたしてそうした過去を十分に反省していたであろうか。過去を切り捨てるところには何も生まれない。過去をしっかりと踏まえ、捉え直していくことによってのみ、未来が開かれてくるのである。

＊学術文庫編集部／編『新装版　日本国憲法』講談社学術文庫、二〇一三年
＊角川学芸出版／編『ビギナーズ　日本国憲法』角川ソフィア文庫、二〇一三年
＊長谷部恭男／解説『日本国憲法』岩波文庫、二〇一九年

『日本国憲法』

昭和二十（一九四五）年、日本は敗戦によって連合国の占領下に入り、体制の全面的な再構築が行われた。憲法もアメリカを中心とするＧＨＱの監督下で、『大日本帝国憲法』第七十三条の改正手続に従って帝国議会の議決と天皇の裁可を経て、現行の『日本国憲法』が昭和二十一年十一月三日に公布され、翌年五月三日から施行された。

日本の思想をよむためのブックガイド

原典の叢書

原典を読むためには、各社の文庫本のほか、纏まった叢書として、次のものが最も広く用いられる。前者は原文・注釈付き、後者は現代語訳である。現在ではともに入手困難だが、古書でかなり広く出回っている。近代については、別にいくつかの叢書がある。

＊『日本思想大系』全六七巻、岩波書店、一九七〇―八二年
＊『日本の名著』全五〇巻、中央公論社、一九六九―八四年

辞典

手許に一冊あると便利。後の二冊は、読む事典的な面が強い。

＊子安宣邦／監修『日本思想史辞典』ぺりかん社、二〇〇一年
＊石毛忠・今泉淑夫ほか／編『日本思想史辞典』山川出版社、二〇〇九年

＊石田一良・石毛忠／編『日本思想史事典』東京堂出版、二〇一三年
＊日本思想史学会／編『日本思想史事典』丸善出版、二〇二〇年

講座

最近二種類の講座が刊行され、最新の研究状況が分かる。前者は時代別の通史であり、後者はテーマ別に様々な問題を論ずる。
＊苅部直・黒住真・佐藤弘夫・末木文美士・田尻祐一郎／編『日本思想史講座』全五巻、ぺりかん社、二〇一二―一五年
＊苅部直・黒住真・佐藤弘夫・末木文美士／編『岩波講座日本の思想』全八巻、岩波書店、二〇一三―一四年

通史・入門書

＊佐藤弘夫ほか／編『概説日本思想史』ミネルヴァ書房、二〇〇五年
＊苅部直・片岡龍／編『日本思想史ハンドブック』新書館、二〇〇八年
＊子安宣邦／編『日本思想史ブックガイドシリーズ基本の30冊』人文書院、二〇一一年

＊清水正之『日本思想全史』ちくま新書、二〇一四年
＊苅部直『日本思想史への道案内』NTT出版、二〇一七年
＊苅部直『日本思想史の名著30』ちくま新書、二〇一八年
＊末木文美士『日本思想史』岩波新書、二〇二〇年

英語のアンソロジー

アンソロジー・事典・通史のすべてを兼ね備えた一冊。
＊James Heisig, Thomas Kasulis & John Maraldo (ed.), *Japanese Philosophy : A Sourcebook*, University of Hawai'i Press, 2011.

- 世阿弥 1363？～1443？
- 一休 1394～1481
- 蓮如 1415～1499
- ハビアン 1565～1621
- 鈴木正三 1579～1655
- 伊藤仁斎 1627～1705
- 鉄眼 1630～1682
- 荻生徂徠 1666～1728
- 白隠 1685～1768
- 安藤昌益 1703～1762
- 富永仲基 1715～1746
- 本居宣長 1730～1801
- 平田篤胤 1776～1843
- 二宮尊徳 1787～1856
- 中山みき 1798～1887
- 吉田松陰 1830～1859
- 福沢諭吉 1834～1901
- 内村鑑三 1861～1930
- 清沢満之 1863～1903
- 南方熊楠 1867～1941
- 鈴木大拙 1870～1966
- 西田幾多郎 1870～1945
- 柳田国男 1875～1962
- 田辺元 1885～1962
- 和辻哲郎 1889～1960
- 宮沢賢治 1896～1933
- 丸山眞男 1914～1996

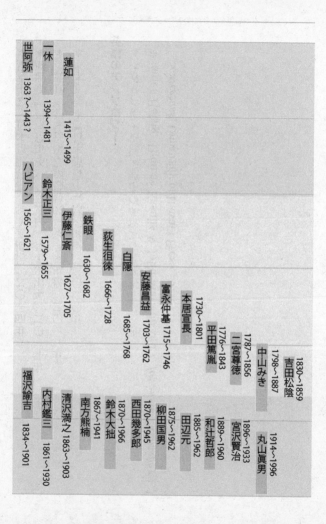

関連人物・事項年表

1400年

室町・安土桃山時代

１４０１年、足利義満、明との勘合貿易開始。

１４６７～７７年、応仁の乱（戦国の世へ）
このころから畿内・北陸を中心に一向一揆盛ん。
１４８９年、足利義政、銀閣造営（東山文化発展）

1500

１５４９年、ザビエル来日（キリスト教伝来）
１５７３年、織田信長により室町幕府滅亡。
１５９０年、豊臣秀吉、天下を統一。

1600

１６００年、関ヶ原の合戦で徳川方が勝利。

江戸時代

１６０３年、徳川家康、将軍になる。
１６３０年、朱子学の昌平坂学問所の基ができる。
１６１５年、武家諸法度・禁中並公家諸法度を布令。

1700

元禄（１６８８～１７０４年）のころ、元禄文化発展。

１７１５年ごろ、新井白石『西洋紀聞』成る。
このころから蘭学が発展。
このころ、国学が発展し『万葉集』などを再評価。

1800

１８００年、伊能忠敬、蝦夷地を調査。

１８５３年、ペリー来航。
１８６７年、大政奉還・王政復古。

明治時代以降

１８８９年、大日本帝国憲法公布。
１８９４～９５年、日清戦争。

1900

１９０４～０５年、日露戦争。
１９３１年、満州事変。
◉１９３７年、『国体の本義』刊。
１９４１～４５年、太平洋戦争。
◉１９４６年、『日本国憲法』公布。

2000

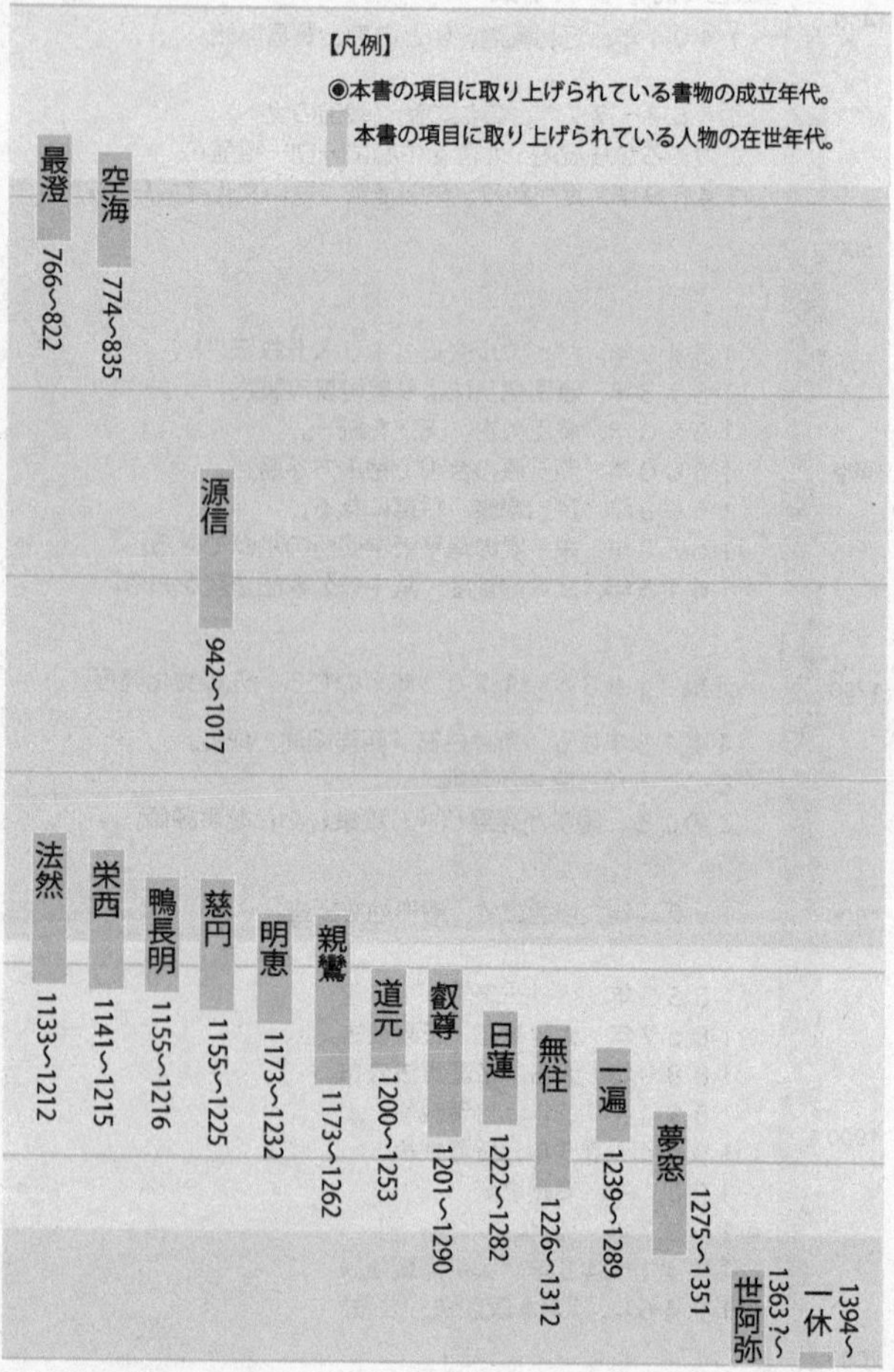
【凡例】
◉本書の項目に取り上げられている書物の成立年代。
本書の項目に取り上げられている人物の在世年代。
最澄 766〜822
空海 774〜835
源信 942〜1017
法然 1133〜1212
栄西 1141〜1215
鴨長明 1155〜1216
慈円 1155〜1225
明恵 1173〜1232
親鸞 1173〜1262
道元 1200〜1253
叡尊 1201〜1290
日蓮 1222〜1282
無住 1226〜1312
一遍 1239〜1289
夢窓 1275〜1351
世阿弥 1363?〜
一休 1394〜

関連人物・事項年表

年	時代	事項
700年	飛鳥・奈良時代	７１０年、平城京遷都。
		◉７１２年、『古事記』成る。
		７５２年、東大寺大仏開眼供養。
		７９４年、平安京遷都。
800	平安時代	８０４年、最澄・空海入唐。
		８６６年、藤原良房が摂政になる。（藤原氏を頂点とする摂関政治の時代へ）
900		９３９年、平将門の乱・藤原純友の乱。
		このころ、『枕草子』『源氏物語』が書かれる。
1000		１０２０年、藤原道長、無量寿院（法成寺）建立。
		１０５３年、藤原頼通、平等院鳳凰堂建立。
		１０８６年、白河上皇により院政が始まる。
1100		１１５６・１１５９年、保元・平治の乱。
		１１８０年、平氏の南都攻めにより東大寺炎上。
		１１８５年、平家滅亡。鎌倉に武家政権成立。
1200	鎌倉時代	１２２１年、承久の乱。鎌倉の武家政権確立。
		１２３２年、御成敗式目（貞永式目）成る。
		このころ、蘭渓道隆・無学祖元ら宋の禅僧が来日。
		１２７４・１２８１年、蒙古襲来。
1300		１３３３年、鎌倉幕府滅亡。
	室町時代	１３３６年、足利尊氏、室町幕府を開く。後醍醐天皇が吉野に南朝をつくる。
		１３４２年、足利尊氏、京・鎌倉の五山を定める。
		１３９７年、足利義満、金閣造営（北山文化発展）
1400		

あとがき

二〇一一年五月から二〇一三年三月まで、「仏典に学ぶ——日本一〇〇〇年の知恵」という総題のもとに、朝日新聞大阪本社版に毎月一回最終月曜日の夕刊に、二十二回にわたって日本の仏教書の紹介を連載した。さいわい好評を頂いて、その続編として、今度は「近代と宗教」と題して、二〇一三年四月から二〇一四年三月まで十二回連載を続けた。本書はその連載をもとに、それに新たに九項目加えて、一書としてまとめたものである。ただし、安藤昌益の章は、読売新聞二〇一四年十二月二十二日東京本社版に、「農の行方×安藤昌益」として掲載されたものを少し縮略して用いた。

直接原典に親しんでもらえるように、各項に短い抜粋と著者の略歴を添えるなど、多少の工夫を加えた。また、「はじめに」や二つのコラムで、私の伝統思想に対する見方をいくらかまとめて述べ、ブックガイドと年表を添えて、読者の便を図った。連載の時は基本的には時代順であったが、今回はテーマ別に組み替えて、今日大きな課題となっているさまざまな問題に対して、日本の過去の思想がどのような見方を提示しているか、理解しやすいようにした。

各項の抜粋は、なるべく入手しやすい文庫版に拠り、それがない場合は『日本思想大系』(岩波書店)などを用いた。その際、適宜、表記やルビを改めて掲載した。近世以前のものには現代語訳を添え、近代のものは現代仮名遣いで統一した。略歴中の年齢は、原則として数え年で表記した。

もともとの連載の趣旨が仏典の紹介であったから、どうしても仏教が中心になり、それ以外の思想がやや手薄になった。しかし、日本の思想の全体像がなかなか捉えにくい中で、仏教を軸として日本の思想を見ていくということも一つの方法ではないかと考え、仏教中心という方針を生かすことにした。

連載に当たっては、朝日新聞大阪本社森本俊司氏のお世話になった。単行本出版は、最初株式会社KADOKAWAの小島直人氏からお話をいただいたが、同氏の退社に伴い伊集院元郁氏が編集作業を担当し、本書を読みやすく、使いやすいものにしてくださった。また、略歴と年表は大角修氏の手になる。これらの方々に感謝したい。

二〇一六年三月

著者

文庫版あとがき

文庫収録に当って、新たに二項目追加し、一部の項目は大幅に加筆・修正した。また、全体の構成も一部改めた。レイアウトの変更とあわせて、面目を一新することになった。これを本書の決定版としたい。

本文庫版刊行の少し前に、拙著『日本思想史』（岩波新書）が出版された。本書とあわせて読んで頂ければ幸いである。同書は、王権（政治）と神仏（宗教）の緊張の中に日本の思想史を一貫して捉えてみた。本書はむしろ、現代の私たちが過去の日本人の思索の中に何を読み取り、そこに私たちの生き方を考える手掛かりを得られるか、という観点から、仏教を中心とした思想史上の著作を取り上げた。多少観点がずれながら、相互に補完するものである。

文庫版に当っては、伊集院元郁氏とともに、井上直哉氏に編集を担当していただいた。有難うございます。

二〇二〇年二月

著　者

本書は、平成二十八年五月二十五日に小社より刊行した単行本を加筆・修正したものです。

日本《に ほん》の思想《し そう》をよむ

末木文美士《すえ き ふみ ひ こ》

令和2年 3月25日 初版発行
令和6年 1月30日 再版発行

発行者●山下直久

発行●株式会社KADOKAWA
〒102-8177 東京都千代田区富士見2-13-3
電話 0570-002-301(ナビダイヤル)

角川文庫 22105

印刷所●株式会社KADOKAWA
製本所●株式会社KADOKAWA

表紙画●和田三造

ISBN 978-4-04-400555-9 C0114

◆◆◆